序|伦|财|经|文|库

中国省际绿色全要素生产率研究

刘慧媛 ◎ 著

中国社会科学出版社

图书在版编目（CIP）数据

中国省际绿色全要素生产率研究/刘慧媛著. —北京：中国社会科学出版社，2019.12

（序伦财经文库）

ISBN 978-7-5203-5470-7

Ⅰ.①中⋯ Ⅱ.①刘⋯ Ⅲ.①全要素生产率—研究—中国 Ⅳ.①F249.22

中国版本图书馆 CIP 数据核字（2019）第 245433 号

出 版 人	赵剑英
责任编辑	王　曦
责任校对	周晓东
责任印制	戴　宽
出　　版	中国社会科学出版社
社　　址	北京鼓楼西大街甲 158 号
邮　　编	100720
网　　址	http://www.csspw.cn
发 行 部	010-84083685
门 市 部	010-84029450
经　　销	新华书店及其他书店
印刷装订	北京君升印刷有限公司
版　　次	2019 年 12 月第 1 版
印　　次	2019 年 12 月第 1 次印刷
开　　本	710×1000　1/16
印　　张	13.25
插　　页	2
字　　数	173 千字
定　　价	78.00 元

凡购买中国社会科学出版社图书，如有质量问题请与本社营销中心联系调换
电话：010-84083683
版权所有　侵权必究

内容提要

改革开放以来，中国经济持续快速增长，增长规模与速度举世瞩目。但中国经济的快速增长主要依靠的是大量的要素投入和对环境的破坏来实现的，而不是全要素生产率（TFP）的大幅提升。随着中国低劳动力成本优势的流失、资本边际报酬的递减、能源产品价格的不断上涨和能源供应紧张，这种增长方式显然是不可持续的。本书在经济增长理论的框架下对经济增长、能源消费、环境污染三者之间的逻辑关系和相互影响机制进行了分析。本书的研究目的在于通过构建一个考虑能源和环境因素的中国区域经济增长研究的分析框架，得出促进中国在能源节约、环境保护的同时实现经济可持续增长的政策建议。本书的主要工作包括以下几个方面：

第一，本书使用规范性研究方法分析了中国面临的能源资源概况。从能源储量来看，中国能源总储量比较丰富，但中国能源禀赋结构表现出"多煤、少油、贫气"的特征，并且多年来中国能源资源储采比远远低于世界平均水平。从能源生产来看，虽然中国能源生产总量逐渐增加，但能源生产结构主要是以煤炭为主，虽然也在向可再生能源、新能源方向发展，但进展缓慢。从能源消费来看，能源消费总量呈上升趋势，由能源的禀赋结构和生产结构决定了能源消费结构仍以煤炭为主，未来会向可再生能源、新能源方向发展。从能源的供需缺口来看，中国能源消费量大于生产量，供需出现明显缺口，并呈逐渐增大的趋势。从能源的区域分布来看，中国能源的分布极不均衡，西北地区较多，东南地区较少，而中国的能源消费主要集中在东南沿海地区，能源分布与能源消费呈空间错位格局。从可再生能源来看，近年来，中国可再生能源的发展迅速，主要表现在风电、水电、太阳能及燃料能源的发展上，成果瞩目。从能源利用效率来看，虽然近几年中国单位GDP能耗逐渐降低，但与国际比较，仍远远高于发达国家水平。

通过文献和经济理论分析得出，能源价格偏低是导致能源出现缺口、能源利用效率低下等现象的原因。能源价格偏低又与能源领域尚未形成充分市场化的价格形成机制，政府存在调控能源价格的行为有关。本书紧接着提出了一种新的能源定价方法——特征价格法。通过使用特征价格模型研究能源的价格，可以为政府和市场主体预测能源的价格提供参考。

第二，随着能源对经济的重要性越来越明显，对中国经济增长的研究是否需要考虑能源要素又是本书的研究工作之一。本书分别对中国能源消费和经济增长的省域和区域概况进行分析，发现东部、中部和西部地区中，东部地区的能源消费与经济增长的总量都是位列第一的，并且三个地区间的能源消费与经济增长的差距都有不断扩大的趋势。因而，我们将能源消费与经济增长放在一个坐标系中进行考虑，进一步对两者的一般关系进行分析表明，无论从能源消费和经济增长的总量看，还是从增长率看，中国各省份能源消费与经济增长基本呈现出正相关关系，经济增长水平高的省份基本位于能耗高的东部沿海地区，能耗低的中西部地区经济却很落后，这说明经济增长需要能源作依托。本书接下来使用面板协整分析、误差修正模型及面板格兰杰因果检验对中国省际层面的能源消费与经济增长之间的动态关系进行了分析，研究表明，无论从长期看还是从短期来看，能源消费与经济增长之间互为双向因果关系，能源消费增加导致人均GDP增加，人均

GDP 增加导致能源消费增加。

第三，大部分关于经济增长的实证研究在生产函数中都没有将能源考虑在内，而我们通过对中国能源消费与经济增长的面板协整分析以及面板格兰杰因果检验发现经济增长依赖于能源的投入，能源要素在经济增长中的作用不能忽略。所以，接下来本书基于随机前沿模型，提出了考虑能源投入下的经济增长的分析框架。本书采用资本、劳动和能源三个投入要素的超越对数生产函数的随机前沿面板模型，考察了 1990—2008 年中国省域的生产效率和全要素生产率增长率，依照 Kumbhakar 的全要素生产率分解方法，将全要素生产率分解为技术效率变化、技术进步、规模效率变化、配置效率变化。实证结果表明：从各要素的产出弹性来看，能源的产出弹性逐年递增，劳动对经济产出的贡献在减弱，资本基本维持不变，且产出弹性始终保持最大，这表明中国劳动密集型产业正在逐渐被资本密集型和高能耗产业所替代。从生产函数与技术效率模型的估计结果可以得出，人力资本、市场化程度、外资因素和进出口比重对技术效率有正的影响，而政府财政支出的影响为负。从各地区的技术效率特征来看，东部地区基本高于全国平均技术效率水平，中部地区普遍接近全国平均水平；西部地区低于全国平均水平，这反映了技术效率越高的地方，经济发展也越快。最后从全要素生产率增长率的分解结论可以看出，技术进步而非技术效率的提高对全要素生产率增长率的贡献最大。

第四，本书继续研究了考虑能源与环境因素的中国区域环境技术效率与全要素生产率。首先，中国依靠高投入、高消耗、高污染的经济增长方式不仅带来了严重的能源浪费问题，也为此付出了沉重的环境代价。2010 年，中国二氧化硫排放居世界第一。此外，无论从二氧化碳排放总量来看还是从单位 GDP 的二氧化碳排放量来看，中国的碳排放也远远高于世界平均水平。严重的环境污染状况会削弱中国的国际竞争力，降低中国在国际市场上的谈判地位，更重要的是，会影响中国经济、社会、环境的可持续发展。其次，本书研究了考虑能源和环境因素的中国区域经济增长，使用基于 SBM 方向性距离函数测算了中国区域经济的环境技术效率，使用卢恩伯格生产率指数测算了区域经济的环境全要素生产率。研究表明，在投入、产出和污染排放三项因素中，产出没有出现无效率，其中由能源投入和污染排放所产生的无效率值合计为 0.2202，约占到环境无效率总量的 71.82%，这足以看出节能减排对于中国的可持续发展的重要意义。比较各区域环境技术效率指标得出，东部地区的环境技术效率始终最高，中部次之，西部最低。最后对环境全要素生产率进行分解得出，纯技术进步仍是环境全要素生产率的最大贡献因素。

本书最后提出了考虑能源和环境因素的中国经济可持续发展的政策建议，指出了本书的不足之处和今后继续研究的方向。

目 录

第一章 绪论 …………………………………………………（1）
  第一节 研究的背景和意义 ………………………………（1）
    一 研究背景 ……………………………………………（1）
    二 研究意义 ……………………………………………（3）
  第二节 研究框架与方法 …………………………………（6）
    一 研究框架 ……………………………………………（6）
    二 研究方法 ……………………………………………（8）
  第三节 研究的创新性 ……………………………………（9）

第二章 理论及文献综述 ………………………………（11）
  第一节 经济增长理论 ……………………………………（11）
    一 现代经济增长理论 …………………………………（12）
    二 资源、环境约束下的经济增长理论 ………………（18）
  第二节 资源、环境与经济增长关系的研究方法 ………（21）
    一 生态足迹法 …………………………………………（21）
    二 环境绩效指数（EPI） ……………………………（24）
    三 绿色 GDP ……………………………………………（25）
    四 技术效率与全要素生产率 …………………………（26）

第三节　能源、环境与全要素生产率的经验研究 …………（39）
　　第四节　研究现状评述 ……………………………………（44）
　　　　一　能源与经济增长研究 …………………………（44）
　　　　二　能源、环境与经济增长研究 …………………（47）
　　　　三　简要评述 ………………………………………（49）
　　第五节　本章小结 …………………………………………（50）

第三章　中国能源资源的现状分析 ……………………………（52）
　　第一节　自然资源与能源的界定 …………………………（52）
　　　　一　自然资源及其分类 ……………………………（52）
　　　　二　能源及其分类 …………………………………（53）
　　　　三　能源的利用历史 ………………………………（54）
　　第二节　中国能源资源概况 ………………………………（55）
　　　　一　中国能源资源储量 ……………………………（55）
　　　　二　中国能源的生产概况 …………………………（56）
　　　　三　中国能源的消费概况 …………………………（58）
　　　　四　中国能源的供需缺口 …………………………（62）
　　　　五　能源的区域分布特征 …………………………（65）
　　　　六　可再生能源 ……………………………………（66）
　　第三节　能源的利用效率与能源消费弹性 ………………（68）
　　　　一　能源的利用效率 ………………………………（68）
　　　　二　能源消费弹性系数 ……………………………（72）
　　第四节　能源供需缺口的原因分析 ………………………（75）
　　　　一　中国能源价格改革历程 ………………………（77）
　　　　二　基于特征价格模型的中国能源价格研究
　　　　　　——以煤炭为例 …………………………………（80）
　　第五节　本章小结 …………………………………………（92）

第四章 能源消费与经济增长关系的实证研究 (94)
第一节 能源消费与经济增长的因果关系研究简述 (94)
第二节 能源消费与经济增长的区域和省域概况 (98)
一 能源消费的区域和省域比较 (99)
二 经济增长的区域和省域比较 (100)
第三节 能源消费与经济增长的一般关系分析 (102)
一 能源消费与 GDP 的关系 (102)
二 能源消费与 GDP 增长率的关系 (103)
第四节 中国各省份能源消费与经济增长的动态关系分析 (105)
一 变量与数据的选取 (105)
二 面板单位根检验 (105)
三 面板协整检验 (107)
四 面板模型估计 (108)
五 误差修正模型与格兰杰因果检验 (111)
第五节 本章小结 (113)

第五章 考虑能源投入的中国区域经济增长研究 (115)
第一节 全要素生产率增长率的分解模型以及随机前沿生产函数模型 (117)
一 全要素生产率增长率的分解模型 (117)
二 随机前沿生产函数模型 (121)
第二节 变量的选择与数据说明 (124)
一 投入产出变量 (124)
二 环境变量 (125)
第三节 研究结果及分析 (127)
一 模型的估计结果与检验 (127)
二 中国各地区技术效率特征分析 (131)

三　全要素生产率增长率的分解结果 …………………………（132）
　第四节　本章小结 ………………………………………………（135）

第六章　考虑能源和环境因素的中国区域经济增长研究 ………（137）
　第一节　中国的环境压力 ………………………………………（138）
　　一　中国污染物排放的基本情况 ………………………………（138）
　　二　中国二氧化碳排放量及国际比较 …………………………（142）
　第二节　考虑能源和环境因素的经济增长研究简述 …………（145）
　第三节　SBM 方向性距离函数和卢恩伯格生产率指标 ………（146）
　　一　考虑环境因素的生产可能性集（环境技术）……………（146）
　　二　SBM 方向性距离函数 ………………………………………（147）
　　三　卢恩伯格生产率指标 ………………………………………（150）
　第四节　考虑能源和环境因素的中国区域技术效率
　　　　　与全要素生产率分析 …………………………………（153）
　　一　数据的来源及处理 …………………………………………（153）
　　二　研究结果及分析 ……………………………………………（155）
　　三　小结 …………………………………………………………（160）
　第五节　环境技术效率的影响因素分析 ………………………（163）
　　一　环境技术效率的影响因素及变量的选择 …………………（164）
　　二　基于面板 Tobit 模型的省际环境技术效率的影响
　　　　因素分析 ……………………………………………………（165）
　　三　小结 …………………………………………………………（168）
　第六节　本章小结 ………………………………………………（168）

第七章　结论与展望 ………………………………………………（170）
　第一节　研究结论 ………………………………………………（170）
　第二节　对策建议 ………………………………………………（174）

第三节　未来研究展望 …………………………………（175）

参考文献 ……………………………………………………（177）

附录 …………………………………………………………（195）

第一章 绪论

第一节 研究的背景和意义

一 研究背景

1972年,罗马俱乐部向联合国提交的《增长的极限》报告中,将全球性问题归结为世界人口、粮食供应、工业增长、环境污染、不可再生资源五大方面。其中,资源和环境问题已成为全球经济发展中的一个突出问题。资源和环境是人类生活资料和生产资料的基本来源,也是人类生存、发展的重要物质基础。经济增长与资源、环境之间的关系引起越来越多学者的关注。经济与资源、环境三者互相影响,经济增长是以资源和环境为基础,反过来,恶劣的环境和稀缺的能源会对经济的发展产生制约作用,环境和能源也会对人们的生活环境产生影响。

改革开放40多年以来,中国经济保持持续高速增长,国内生产总值(GDP)从1978年的3679亿元增长到2018年的13.45万亿元,GDP在世界排名由1978年的第10名跃升为2018年的第2位,2018年中国GDP约为美国的0.6倍,约为日本的2倍。但是中国经济的高速增长消耗了大量的能源,据《BP世界能源统计年鉴2019》发布的数据，2018年，中国能源消费增速由2017年的3.3%增长到4.3%。2018年，中国仍是世界上最大的能源消费国，占全球能源消费量的24%和全球能源消费增长的34%。其中，天然气消费增长为18%，达1620亿立方米，对外依存度为43%；石油依存度达72%，为近五十年来最高。

中国既是世界上的能源消费大国，也是世界上的污染排放大国。2018年环境绩效指数（EPI）在包含环境健康和生态系统活力十大类别问题上，对180个国家的24个指标进行了排名，中国排名120位。2015年1月由亚洲开发银行、清华大学联合发布的名为《迈向环境可持续的未来中华人民共和国国家环境分析》中文版报告中提出，世界上污染最严重的10个城市之中，有7个位于中国。AirVisual推出了一份《2018 全球空气质量报告》，这份报告中大部分数据来自各个国家的官方发布，报告指出，中国PM2.5年均值41，空气质量排在倒数第12位。由此可见，中国的经济发展付出了十分沉重的环境代价，长期下去，这样的发展是难以持续的。

中国40年的经济快速增长主要依靠大量的要素投入来实现的，而不是全要素生产率（TFP）的大幅提升，生产过程能源消费较高，环境污染严重。随着中国低劳动力成本优势的流失、资本边际报酬的递减、能源产品价格的不断上涨和能源供应紧张，这种粗放式的增长方式显然是不可持续的，并且它还会日益加剧中国的环境—能源—经济系统的矛盾。

党的十九大报告（2017年）指出，"为把我国建设成为富强民主文明和谐美丽的社会主义现代化强国而奋斗"。社会主义现代化奋斗目标增加的"美丽"一词与经济建设、政治建设、文化建设、社会建设、生态建设"五位一体"总体布局相对接，突出"五位一体"的生态文明建设地位，融入经济建设、政治建设、文明建设、社会建设全过程。十九大报告还指出，推进绿色发展，建立健全绿色低碳循环发展的经济体系，以生态、环境、资源为要素，以科技创新为支撑、科学开发利用资源和协调人与自然关系成为社会各界大力倡导的方向。

"十三五"规划（2015年）也明确提出了创新、协调、绿色、开放、共享五大发展理念，进一步明确了生态文明建设在"五位一体"中的重要地位。"十三五"规划提出了10类16项生态文明建设的约束性指标，对生态文明建设的要求也有了一系列变化。具体体现在，"十三五"规划首次将空气质量、水质量两类四项指标列为约束性指标，逐步从污染总量控制转变为环境治理管理；继续实施资源能源总量和强度的双控，并将水资源和建设用地也作为双控的约束性指标；完善资源有偿使用制度和生态补偿机制；支持绿色清洁生产，推动传统制造业更新改造，推动绿色低碳循环发展产业体系的建立。

虽然中国政府近些年加大了资源节约、环境保护力度，单位能耗和碳排放的标准也提高了。但是，未来中国经济发展面临的能源供给和需求问题以及环境的污染问题将会更加严重，因为随着中国未来经济的快速增长，资源（包括能源）消费量以及废气、废水、固体废弃物等环境污染物的排放量每年都将增加，这些都会制约和阻碍中国经济的可持续发展。所以，如何科学衡量经济增长、能源消费与环境污染三者之间的关系，提高能源利用效率，减少污染排放，是保持中国经济可持续发展亟须解决的现实问题。

二 研究意义

改革开放以来，中国经济保持了40多年的高速增长，取得了巨大的成就。在经济快速增长的同时，我们清醒地认识到，一方面，这种快速的经济增长是以能源的高投入和严重的环境污染为代价的，经济快速增长对能源的消费和环境的破坏有明显的影响；另一方面，经济增长受到能源、环境等多种因素的制约，能源和环境在经济增长中的瓶颈作用越来越明显。因此，如何转变经济增长方式，如何放弃"高消耗、高污染"传统工业化道路转而走"消耗低、污染少"的新型工业化发展道路，是中国作为一个发展中国家在建设节约型社会过程中所面临的现实问题，也是经济、社会与环境是否可持续发展的关键问题。研究能源、环境和经济增长具有重要现实意义，主要体现在以下几个方面：

首先，中国经济的持续增长带来了许多能源、环境问题，经济的增长造成了能源的巨大浪费和过度开采，环境面临持续的压力。经济增长中持续的能源消费上升以及环境恶化加剧又会制约经济增长，使得经济增长质量下降。因此，认真总结经济增长所取得的经验和积累的同时，我们更需要关注考虑能源和环境因素下的中国经济增长问题，避免落入"增长的极限"。

其次，研究能源、环境与经济增长的问题可以为政府制定节能减排政策和可持续发展政策提供依据，找到从根本上解决中国经济增长所面临的能源和环境代价过大问题的办法。改革开放以来，人们逐渐认识到解决能源与环境问题的迫切性，但传统的解决思路是侧重于"先污染后治理""先破坏后整治"，即加大环保资金投入、增强公众环保意识等，具有一定的局限性。因此，我们要从生产源头开始，通过设计能源和环境保护的机制使经济增长更"绿色"。特别是从经济效率的角度找到解决能源环境问题的途径，促进能源的合理配置与管理，加强环境的保护和改善，使经济突破能源环境的瓶颈，并与能源、环境、社会一起协调发展。

再次，通过对考虑能源、环境在内的中国区域经济增长问题的研究，有利于为缩小区域经济发展差距提供新的切入点。中国东中西部区域的能源特点不同，能源储量不同，环境状况不同，在经济发展的过程中对能源需求不同，对环境的影响不同。正因为以上这些原因，所以在区域经济发展中，能源环境对每个区域的制约程度是有差异的，区域经济的发展程度也有明显差异。中国东部区域利用其自身的区位优势吸纳外资而不断发展，然后利用资金、制度、技术等经济资源条件吸纳中西部的自然资源，使得东部地区率先发展。与东部地区相反，中西部地区自然资源和人力资源丰富，但技术条件较落后。这使得自然资源禀赋相对丰裕的中西部地区的经济发展水平和增长速度远不如自然资源匮乏的东部地区。因此，如何在一国的框架内缩小区域差距，实现区域的协调发展，也是当前亟须解决的重要问题。

最后，研究能源、环境与经济增长的问题可以为提高产业竞争力、走新型工业化道路提供理论支持。中国大部分产业要素投入高、污染排放高、产出效益低，处于国际产业分工中的产业链低端，缺乏核心竞争力，并且随着世界发达国家对产业环境标准的提高，还可能会面临国际产业污染转移的风险。本书同时考虑能源节约和环境改善的技术效率及全要素生产率，可以为产业的合理发展提供依据。

研究能源、环境和经济增长的理论意义在于：有利于从新的视角发展经济增长理论。从古典经济学到新古典经济学，从哈罗德—多马的经济增长理论，再到索洛的新经济增长理论，都没有将能源和环境作为经济增长的决定因素，而能源环境却总是被假设为能够相互替代或被"其他生产要素"所替代。随着经济的高速增长，能源环境问题却变得越来越严重，科学技术的发展并没有给这些问题带来完美解决，这与经济增长理论忽视能源环境的作用有关系。现今，能源和环境约束下的经济增长是当前经济增长理论的重点研究内容。因此，本书认为对考虑能源消费、环境污染下的中国经济增长问题进行研究有助于我们客观、全面地对当前的经济发展进行评价，为政府各项经济发展政策的选择提供一定的经济学依据。

第二节 研究框架与方法

一 研究框架

本书的研究按照从分析中国能源资源消耗、环境污染的现状出发，到能源、环境与经济增长的实证分析，最后提出了在考虑能源与环境因素下提高全要素生产率、促进经济可持续发展的政策建议。本书的研究框架分为3部分：第1部分，确定本书的研究内容，并对考虑能源与环境因素下的经济增长理论和实证的现有研究文献进行了综述，包括第一、第二章；第2部分从能源概况与环境污染的现状出发，对考虑能源和环境因素的经济增长进行实证研究，包括第三、第四、第五、第六章；第3部分对本书进行了总结并提出相应的政策建议，这一部分主要是第七章。本书研究框架结构如图1-1所示。

各章内容具体安排如下：

第一章是绪论，主要是对本书的研究内容和研究意义进行概括和说明。本书在阐述研究的背景和意义后，提出了本书的研究框架和研究方法。

第二章是理论及文献综述。本章的综述研究遵循以下的思路，先是现代经济增长理论，然后是资源环境约束下的经济增长理论，接着是资源、环境与经济增长的经验研究，并较为详细地介绍了技术效率和全要素生产率的概念、主要的测度方法及相关文献，最后对现有文献进行了评述。

第三章是中国能源资源的现状分析。本章主要利用统计数据来分析和展现中国能源的现状和趋势，首先对中国能源资源的储量以及能源消费等特点进行了分析，随后对能源利用效率和能源消费弹性系数的变化趋势及其动因进行了分析，最后对能源供需缺口的原因进行了简要阐述。

```
                ┌──────────────┐  ┌──────────────┐
                │ 能源资源概况 │  │ 环境污染的现状│
                └──────┬───────┘  └───────┬──────┘
                       └──────────┬───────┘
                        ┌─────────┴─────────┐
                        │ 能源、环境与中国  │
                        │ 区域经济增长研究  │
                        └─────────┬─────────┘
```

能源消耗与经济增长的因果关系检验	考虑能源投入的中国区域经济增长研究	考虑能源与环境因素的区域ETE和TFP研究	环境技术效率的影响因素分析
面板协整分析，误差修正模型，格兰杰因果检验	随机前沿生产模型，Kumbhakar全要素生产率增长的分解	考虑能源与环境因素的区域ETE和TFP研究	面板Tobit模型
能源消耗与经济增长之间互为因果关系	技术进步而非技术效率是全要素生产率的最大贡献者	中国区域环境效率及其来源、环境全要素生产率及其分解的结论	影响环境技术效率的因素及启示

考虑能源和环境影响下中国经济可持续发展的政策建议

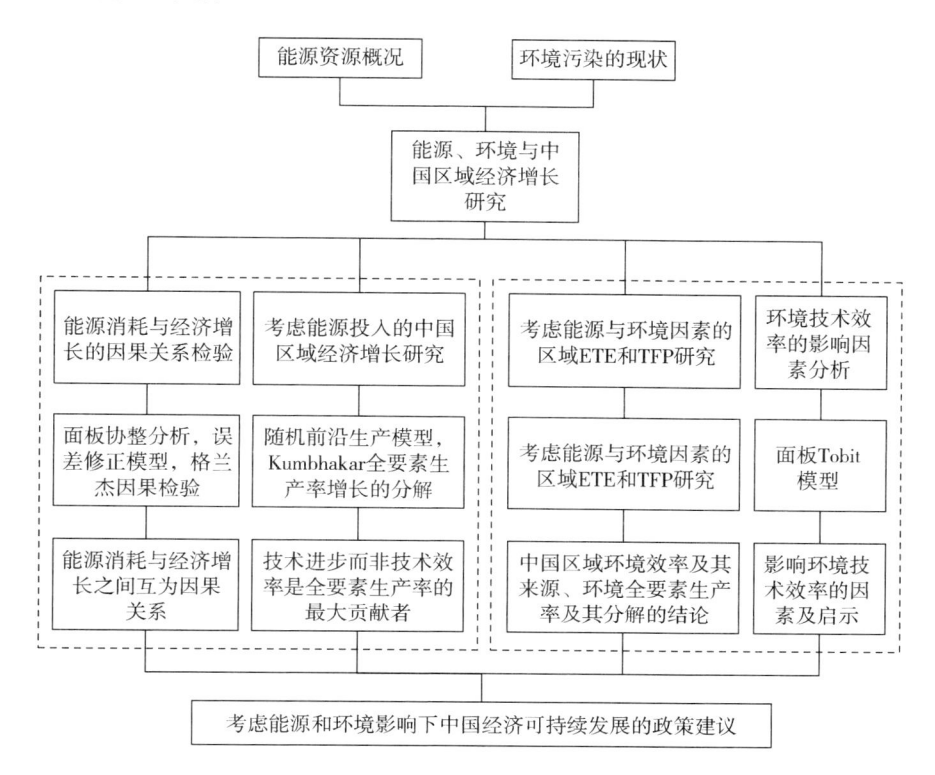

图 1-1　本书研究框架结构

第四章是能源消费与经济增长关系的实证研究，证实了能源对经济增长的因果关系。本章主要通过运用面板数据的单位根检验、协整检验以及误差修正模型来分析中国能源消费与经济增长的动态关系。

第五章是考虑能源投入的中国区域经济增长研究，主要采用了随机前沿分析方法对考虑能源投入在内的中国经济增长进行了实证研究。本章主要的实证工作有：分析了中国经济增长的人力资本和制度效应，并且对全要素生产率增长率进行了分解，对中国各地区全要素生产率（Total Factor Productivity，TFP）及技术效率的区域特征进行了分析。

第六章是考虑能源和环境因素的中国区域经济增长研究。本章先是介绍了中国环境的状况及国际比较；然后从"增长、节能、环保、低碳"这四个维度出发全面地对中国经济增长的绩效和全要素生产率进行研究，使用基于SBM方向性距离函数测算中国区域经济的技术效率，以及使用卢恩伯格生产率指数测算区域经济的全要素生产率；最后，对影响环境效率的因素进行了分析。

第七章是结论与展望，并根据本书的研究结果给出了考虑能源和环境影响下中国区域经济可持续发展的政策建议，指出了本书的不足之处和今后继续研究的方向。

二 研究方法

本书在充分了解国内外研究文献的基础上，对能源、环境和经济增长之间的研究进行了较为深入的分析和总结。在研究中综合运用了环境经济学、能源经济学、宏观经济学、计量经济学、运筹学等多学科的理论和分析方法。

本书主要采用了规范与实证分析相结合、定性与定量分析相结合、文献归纳的研究分析方法。

1. 规范与实证分析相结合

实证分析方法在规范分析方法之前，是规范分析的前提，规范分析是对实证分析结果的提炼、提升和升华。本书从中国能源环境概况出发，以生产率相关理论为指导，对中国省际技术效率和全要素生产率进行较为系统深入的实证分析，最终给出了相应的政策建议。

2. 定性分析与定量分析相结合，以定量分析为主

在定性分析中国经济增长和能源消费、污染排放的现状和问题的同时，更注重用数据说话，定量研究了能源、环境对中国经济增长绩效的影响，主要是对分别考虑能源和能源环境的中国省际技术效率进行了实证研究，并进一步分析了各因素对省际技术效率的影响。

在定量分析中，采用统计学方法、计量经济学方法及数理分析方法进行分析。具体体现在，采用面板数据的单位根检验、协整检验以及误差修正模型来分析中国能源消费与经济增长的动态关系；采用随机前沿生产模型考察包含资本、劳动、能源三投入要素在内的省际技术效率；采用基于 SBM 模型的方向性距离函数和卢恩伯格生产率指数法计算和分解了各省份考虑能源和环境因素的全要素生产率（TFP）。

3. 文献归纳法

系统梳理了经济增长理论与能源环境经济学的理论和实证的相关研究成果，包括一些重要的分析方法、经验数据和研究结论，为后续章节的模型构造、理论分析以及实证检验奠定基础。

第三节 研究的创新性

传统的经济增长理论没有考虑能源与环境因素，不能反映能源与环境对经济增长的影响，使用传统的经济增长理论进行分析会使得理论和实证结果出现偏差。本书将能源、环境因素纳入经济增长理论框架，以便更准确地考虑经济增长的真实性，为实现经济全面协调、可持续发展提供依据。本书的创新之处如下所述：

其一，使用特征价格法对能源价格进行研究，并以煤炭资源为例，进行了实证分析。我们以特征价格理论为指导，将煤炭的价格在煤炭的区位、品质和规模三个属性空间上进行了分解，构建了煤炭市场的特征价格模型，并对模型进行了估算。通过使用特征价格模型研究能源的价格，可以为政府和市场主体预测能源的价格提供参考。而国内关于煤炭价格的研究除了定性地分析煤炭价格影响因素外，还有就是采用一些简单的回归方法对煤炭价格的影响因素进行实证分析，缺乏理论的指导。

其二，运用面板数据的单位根检验、协整检验以及误差修正模型分析了中国能源消费与经济增长的动态关系。研究表明，无论从长期看还是从短期来看，能源消费与经济增长之间互为正向因果关系，能源消费增加使得 GDP 增加，GDP 增加也需要能源消费增加。国内已有的关于能源消费与经济增长的研究主要是基于时间序列的协整分析方法，这些分析没有考虑各省份之间的差异情况。本书基于面板数据的协整研究既考虑了能源消费与经济增长随时间变化的情况，又考虑了各省份的横向差异，研究结果更具说服力。

其三，大部分关于经济增长的实证都没有在生产函数中将能源考虑在内，而我们通过对中国能源消费与经济增长的面板协整分析以及格兰杰因果关系检验发现，能源要素在经济增长中的作用不能忽略。因此，本书基于随机前沿模型，提出了考虑能源投入下的经济增长的随机前沿分析框架；并使用了巴特斯和考利（1995）模型，分析了考虑能源投入的中国经济增长的技术效率的影响因素及特征。研究表明，中国劳动密集型产业正在逐渐被资本密集型和高能耗产业所替代。并且，考虑能源投入的各地区技术效率由高到低的排名依次为东部、中部和西部。对考虑能源投入的技术效率的影响因素进行的分析表明，人力资本、市场化程度、外资因素和进出口比重对技术效率有正的影响，而政府财政支出的影响为负。

其四，从"增长、节能、环保、低碳"这四个维度全面地对中国经济增长的绩效和全要素生产率进行研究，与已有的考察包含能源消费和环境污染的研究不同，本书还特别强调经济增长的低碳目标，全面考察了在控制二氧化碳、二氧化硫、化学需氧量排放下的环境技术效率和环境全要素生产率。

第二章　理论及文献综述

本章首先对能源、环境与经济增长的理论进行综述，然后对能源、环境与经济增长的经验研究进行综述，最后对现有的研究进行了评述。

第一节　经济增长理论

经济增长（Economic Growth）通常是指在一个较长的时间跨度内，一个国家人均产出（或人均收入）水平的持续增加。对经济增长的关心起始于斯密、李嘉图和马尔萨斯为主要代表的古典经济学家。斯密（Smith，1776）指出劳动分工、资本积累和技术进步是国家经济增长的主要源泉所在。斯密强调劳动专业化分工对经济增长的重要性。马尔萨斯（Malthus，1798）在《人口学原理》这本书中提出了著名的粮食危机理论，即人口如果不加限制，将会呈几何级数增长，最终超过呈算术增长的粮食产量供应，从而导致粮食危机，世界的经济增长将会因此停滞。马尔萨斯强调人口与经济增长的关系。李嘉图（Richardo，1817）认为，土地、资本和劳动这三种生产要素的产出边际报酬是递减的，产出的边际报酬递减最终将使得国家的经济增长停止。20世纪30年代资本主义经济出现大萧条，出于对这种大萧条的恐惧，哈罗德（Harrod，1939）和多马（Domar，1946）两位经济学家开始对经济增长的问题进行研究，建立了哈罗德—多马经济增长模型，这为现代经济增长理论奠定了基础。

一 现代经济增长理论

本节按照历史发展的顺序，分别对哈罗德—多马经济增长理论、新古典经济增长理论和内生经济增长理论（新经济增长理论）进行论述。

1. 哈罗德—多马经济增长理论

英国经济学家哈罗德在1939年和1948年发表的《关于动态理论的一篇论文》和《走向动态经济学》中，提出了第一个经济增长的理论模型，这拉开了经济学家开始定量研究经济增长问题的序幕。美国经济学家多马在《扩张与就业》（1946年）一书中也提出了一个与哈罗德模型相接近的增长模型，两个人的模型的提出是互相独立的。后来经济学界将哈罗德模型和多马模型结合在一起称为"哈罗德—多马"经济增长模型。哈罗德—多马经济增长模型扩展了凯恩斯的宏观理论，现代经济增长理论也以该模型为研究起点，这同时也意味着主流经济学家将开始研究经济增长理论。

其主要假设为：整个社会只生产唯一一种产品；储蓄（S）是国民收入（Y）的函数，即$S=sY$，s为社会的储蓄率；生产中只有两种要素，分别为资本和劳动；劳动人口增长比例不变；假设不存在技术进步、规模报酬不变、资本折旧为零。模型的基本方程式为$G=S/C$，其中G为产量（或收入）增长率，S为储蓄，C为资本—产出比率。

哈罗德—多马模型的中心思想是：经济均衡增长的基本条件是产量（或收入）增长率提高到它所引起的投资恰好能吸收本期的全部储蓄的程度。其本质就是凯恩斯的投资等于储蓄的观点。按照哈罗德—多马模型，决定一国经济增长的最主要因素为全社会投资水平的储蓄率和反映生产效率的资本—产出比率。哈罗德—多马模型简单，计算也方便。根据这个思想，在技术水平一定的条件下，为达到经济增长率的目标，一个国家可以制定相应的引进外资储蓄政策。按照该模型，简单地通过储蓄与投资相等，使投资增量与储蓄增量相适应，就可以实现经济的稳定增长，这显然与现实是不符的。事实上，经济的周期性波动是难以避免的，经济危机一直在威胁着市场经济的稳定运行。这就意味着，哈罗德—多马模型所指出的经济增长难以在一个不变的速度上稳定下来，会剧烈上下波动。这种增长途径经济学称为"刃锋"式的增长。这跟模型的假设前提有关，在他们的模型中，资本和劳动同时实现充分就业的稳定状态的经济增长很困难，只能是"刃锋上的均衡"。

哈罗德—多马模型标志着经济学界运用数理经济方法研究经济增长理论的开始，是对经济增长理论研究的一次重大革命，也是经济增长理论模型内生化进程的出发点。模型有四个外生的参数：资本—产出比、储蓄率、技术进步的速度和人口增长率，将这几个变量内生化是以后经济增长理论模型的发展方向。

2. 新古典经济增长理论

哈罗德—多马模型以凯恩斯经济学为理论基础，固定技术生产函数是最为关键的假设。这种固定的生产函数在短期是很适用的，但在长期，生产要素之间往往是互相替代的，如资本和劳动间的替代。美国经济学家索洛（Solow，1956）和英国经济学家斯旺（Swan，1956）修正了这一假设，使用了新古典生产函数，分别独立地提出了新古典经济增长理论，也称为索洛—斯旺模型。

新古典经济增长模型的假设包括：首先，假设资本与劳动是可以互相替代的，一定数量的劳动可以与不同数量的资本互相配合，即劳动和资本的替换比例是可以变化的，同样地，一定数量的资本也可以和不同数量的劳动相替代，而哈罗德—多马假设资本系数（资本与产出之比）是不变的，这个假设与哈罗德—多马假设是不一样的。其次，假设是完全竞争的经济。由上述两个假设可知，劳动的边际生产率等于工资，资本的边际生产率等于利息率，这样，劳动和资本就不会闲置，两种生产要素（劳动和资本）就可以得到充分利用。在市场作用下，达到均衡时，经济将实现充分就业，经济增长主要取决于技术进步以及增加的要素供给。此外，模型同样也假设没有技术进步和规模报酬不变。这样，经济增长就可以归为劳动的增长和资本的增长。新古典经济增长模型用公式可以表示为：$G_y = aG_L + (1-a)G_K$，其中G_y表示收入增长率，G_L表示劳动增长率，G_K表示资本增长率。a和$1-a$分别代表劳动与资本在总产量中所做的贡献（以各自收入衡量）在国民收入中的占比。

新古典经济增长模型表明，可以通过生产要素在市场上的价格（工资与利息率）的变动，即通过市场，来改变资本与劳动的配合比例和资本—产出比率，以使经济实现稳定的增长。他们还估算了经济增长中技术进步的作用。因此，新古典经济增长反映，从长期看，不仅劳动增长率、资本增长率以及资本和劳动对产量增长的相对作用程度会影响经济增长，而且技术进步的程度也会影响经济的增长。因为物质资本和人力资本都能体现技术进步，因而，要提高经济增长，对物质和人力的投资都是必要的。

该模型通过对劳动与资本两种生产要素相互之间的替代假设解决了哈罗德—多马模型中的"刃锋"问题，但也有它的局限，即不能解释在没有外生技术进步时，人均产出长期增长；还有，模型假设储蓄率是外生给定的，而并不是由个人通过动态最优化行为内生决定的；此外，经济增长中的许多问题该模型都能解决，但它不能解决经济增长本身的问题。之后，很多经济学家对模型存在的问题进行了研究，并相应地构造了一些经济增长的数学模型。

拉姆齐（Ramesy，1928）使用数学模型分析在最优消费行为下，一国储蓄所必须满足的条件。受到当时数学工具的限制，拉姆齐没有根据基本的效用函数推导出整个未来时期中最优储蓄与消费的动态时间路径，他推导的实际上是每个时点上的最优储蓄。

卡斯（Cass，1965）和库普曼斯（Koopmans，1965）将拉姆齐的最优消费理论引入经济增长模型，使新古典经济增长模型的储蓄率内生化了，后来，人们将这些模型合称为拉姆齐—卡斯—库普曼斯模型。如果模型的效用函数假设为 $u(c) = c^{1-\theta}/1-\theta$，由动态最优化方法得出，最优消费的条件为 $\dot{c}/c = (1/\theta)(r-\rho)$，其中 r 为利息率，ρ 表示时间贴现率。从这个条件可以看出在拉姆齐—卡斯—库普曼斯模型中满足稻田条件（Inada Conditions）的生产函数是不可能使经济持续增长的。内生的储蓄率并不能解决新古典经济增长模型存在的问题，模型中外生的技术进步仍是长期经济增长的推动力。几乎在卡斯和库普曼斯模型发表的同一时间，戴蒙德（Diamond，1965）发表了"世代交叠模型"，该模型将储蓄内生化了，并且是以消费决策者生命为时间界限。模型中储蓄率可由效用最大化的个人消费者行为推出，经济的增长是在市场均衡状态下进行的，因此，"世代交叠模型"也是新古典经济增长模型的一种。

阿罗（Arrow，1962）针对新古典经济增长理论的局限性，提出了用技术外部性解释经济增长的"干中学"模型。该模型认为生产率的提高或技术进步是靠厂商在生产中积累经验提高的，是这一过程的副产品。他认为厂商的投资不但会提高厂商自身的生产率，还会提高其他厂商的生产率，即厂商的行为具有外部性。所以，技术进步是由该系统内生决定的，是内生变量。但是，在阿罗的"干中学"模型中，社会的技术进步最终取决于外生的人口增长率。

3. 新经济增长理论

20 世纪 70 年代以后，经济增长理论在西方主要的学术杂志上被逐渐淡化了，以索洛为代表的新古典经济增长理论走向停滞的根本原因在于没有将公认的经济增长的最重要因素——全要素生产率（TFP）

内生化。20世纪80年代中期以来，以罗默（1986）和卢卡斯（1988）的研究为开端，长期经济增长问题再一次成为经济学家的关注热点。90年代后，人们逐渐接受了一些新的经济增长理论，并用于指导其经济实践活动。这些新的经济增长理论是当时主流西方经济增长理论派的理论基础，并形成了新经济增长理论。该理论认为一国长期经济增长和各国经济增长率差异都可以用规模收益递增和内生技术进步来解释，其主要的目的是企图使经济增长的因素内生化，该理论也因此得名为内生经济增长理论。内生经济增长理论大致有以下几个研究方向：

首先是凸性模型。我们把使用凸性生产函数来解释内生经济增长的模型称为凸性模型。许多经济学家认为，利用技术（或人力资本）溢出可以更好地解释生产函数的非凹性以及技术进步是长期经济增长的主要源泉。罗默（1986）提出的知识溢出模型克服了阿罗（1962）"干中学"模型的缺陷。他认为知识和技术是厂商投资的产物，知识资本和物质资本投资一样，随着知识投资的增加，知识资本的边际收益递减，知识也有溢出效应。罗默假设知识具有足够强的溢出效应，知识溢出效应抵消了知识资本边际收益递减的趋势，使知识投资的社会收益率递增或不变。因此，如果知识积累能一直持续，内生的技术进步就能使经济实现长期增长。卢卡斯（1988）建立了一个技术进步能够用人力资本的溢出效应解释的内生经济增长模型。卢卡斯认为可以把在生产中体现为一般知识和表现为劳动者劳动技能的人力资本具体化为技术进步。他认为，经济增长的真正源泉是专业化的、特殊的、表现为劳动者劳动技能的人力资本。此后，涌现了很多强调人力资本是经济增长的主要源泉的文献，如卢卡斯（1993），顾德佛瑞德、麦克德罗特（Goodfriend and McDerott，1995）等。研究的假设也从完全竞争的假设转向了垄断竞争。巴罗和萨拉—马丁（Barro and Sala-i-Martin，1995）研究新产品出现与经济增长的模型认为，技术进步是企业追求利润最大化而有目的地进行研究与开发投入的结果，研究开发使企业获得某种程度的垄断利润。只要研究与开发所得到的收益能够弥补成本，厂商就会从事研究与开发活动。然而，熊彼特（Schumpter，1934）指出，在产品质量改进过程中，质量水平高的产品将会替代质量水平低的产品，技术进步的过程将伴随着原有产品的淘汰，这就是所谓的"创造性破坏"过程。

其次，除了从"干中学"和R&D的角度解释长期经济增长的内生增长模型外，还有从劳动分工、人口变化、制度等角度来解释经济长期持续增长的内生增长模型。

杨格（Young，1928）修正了史密斯（1776）提出的由市场容量决定分工的观点，提出了著名的"杨格定理"：市场决定分工，即市场容量与分工水平互相影响、互相制约。杨和博兰（Yang and Borland，1991）提出分工水平的不断细化提高了劳动生产率，形成了劳动者之间互相依赖的内生比较优势，扩大了市场容量，而市场容量又进一步促进了劳动分工，提高了劳动生产率，增加了收入水平，促进了经济长期增长。贝克尔和墨菲（Becker and Murphy，1992）也从专业化水平的角度分析了其与经济增长的关系，指出人力资本的积累会促进专业化水平的提高，专业化水平的提高反过来又会促进人力资本的积累。这样，从长期来看，专业化水平和经济增长会互相促进。但是同时指出专业化水平的提高也会产生诸如监督费用等的协调成本。

贝克尔和巴罗（Becker and Barro，1988）在新古典经济模型的框架中研究了生育率是如何内生决定。他们假设随人均资本的提高，父母养育子女的费用递增；子女数量增加，父母效用递增，但边际效用递减。在这个假设下他们得出的结论是生育率随着经济的发展会逐渐下降。这个模型的缺陷在于它是在新古典模型框架中研究，所以长期经济增长还是依赖于外生的技术进步。贝克尔、墨菲和塔穆拉（Becker，Murphy and Tamura，1990），贝克尔、格拉瑟和墨菲（Becker，

Glasser and Murphy，1999），莫兰德（Morand，1999）指出父母的工资水平会随着父母的人力资本的提高而提高，这也是父母养育儿女的机会成本，所以，追求效用最大化的父母会减少养育子女的数量，提高养育质量，生育率的降低又会提高父母的人力资本水平，从而促进经济增长。

诺斯（North，1981，1990）的经济增长理论以产权和制度变迁为核心论证了制度变迁对经济增长的作用。他认为产权明晰可以缩小私人收益和社会收益的差距，促进经济增长。因此，一国可以通过产权制度和制度变迁来促进经济增长。

关于新古典经济增长理论的论述，中国学者潘士远和史晋川（2002）有过较为详细的介绍。

二　资源、环境约束下的经济增长理论

20世纪70年代石油输出国组织的挑战和罗马俱乐部的悲观论调使经济学家开始关注能源问题，而后"先污染，后治理"的经济活动方式加剧了环境的稀缺性，经济学家开始把资源和环境引入经济增长理论中，希望给出一个经济可持续发展的答案。

1. 资源约束下的经济增长

20世纪80年代初期以前考虑资源约束下的经济增长主要以新古典经济增长模型为主，其中最具代表性的是达斯古普塔和希尔（1974）、索洛（1974）以及斯蒂格利茨（1974）的三篇经典文章。这三篇文章对经济增长模型进行了修正，分析了资源（尤其是不可再生资源）对经济增长的主要影响。达斯古普塔和希尔（1979）是率先在新古典经济增长模型中引入效用函数，使用最优控制方法得出了经济最优增长路径，其最优化是以消费者在无限时间上的跨期效用最大化为目标。斯蒂格利茨（1974）、索洛（1974）也在新古典经济增长模型的框架

下对经济的最优增长路径进行了分析，同时也对资源的最优开采进行了分析，他们认为在正的人口增长率和有限的自然资源存量的情况下，人均产出仍有可能持续增长；他们还认为初始的资源存量与资本会对长期的经济增长水平有影响，但不会影响经济增长率，长期经济增长的动力主要来自技术进步。在他们的模型中，技术进步都是外生给定的，这引起了广泛争议。

20世纪80年代中后期，以罗默（1990）、卢卡斯（1988）、格罗斯曼和埃尔普曼（1991）、阿吉翁和豪伊特（1992）等为代表的内生增长模型出现以后，便有人将资源引入生产函数，在内生经济增长的框架下讨论资源与经济增长及可持续发展问题。罗伯逊（1980）将不可再生资源引入宇泽（1965）的模型，他强调非竞争性的技术进步是增长的动力。肖尔茨和齐姆斯（1996）、休乌（1996）通过在生产函数中引入不可再生资源，创建了基于研发的内生增长模型，模型没有就社会最优增长路径进行分析，但模型强调了由不完全竞争引致的市场失灵。格里莫和罗赫（2003）假设技术进步取决于用于研发的劳动力和已有的创新，建立了一个新熊彼特模型，对包含不可再生资源的最优经济增长路径进行分析，结论表明，如果R&D产出足够有效，则人均产出具有正的最优增长率是可能的，而市场均衡往往不是帕累托最优的。

在国内，王海建（1999，2000）分别利用罗默的R&D内生增长模型和卢卡斯的人力资本积累的内生经济增长模型，通过在生产函数中考虑耗竭性资源，分析了在耗竭性资源可持续利用约束下的经济政策意义。刘凤良等（2002）认为资源的耗竭性严重制约了持续的经济增长，而技术进步又可以抵消可耗竭资源对经济增长的负面作用。他将可耗竭资源引入罗默的内生经济增长模型中，构建了一个包含可耗竭资源的内生增长模型。研究表明，在可耗竭资源与资本可以互相替代又不能完全替代的情况下，经济在资源可耗竭条件下有可能持续增长的条件是，由知识生产产生的溢出效应必须大到足以抵消可耗竭资源的损耗和递减的资本边际产量。周少波和胡适耕（2003）在不对效用函数、生产函数作任何假设的情况下，用优化理论和动力系统方法导出了一个二维微分动力系统，计算了最优的自然资源保存指数，给出了唯一可行经济增长轨道。杨宏林建立了资源约束下的新古典经济增长模型及资源约束下的卢卡斯内生经济增长模型，讨论了人力资本积累在摆脱资源存量限制中的作用，以及保证资源和经济可持续的条件（杨宏林，2004，2006）。他还在内生经济增长模型中应用"干中学"理论分析了维持经济可持续增长的条件。彭水军（2005，2006）认为在内生人力资本和内生技术进步模型中，一旦经济中有充分有效的研发创新活动，即有足够高的研发产出效率和较高的人力资本积累，是可以克服一些诸如自然资源的稀缺、不断耗竭，以及消费者耐心相对缺乏等问题，以保持经济的最优和可持续增长。

2. 资源、环境双重约束下的经济增长

阿吉翁和豪伊特（2004）借助熊彼特模型，通过将非再生资源开采流量和污染强度引入总生产函数，将环境偏好放在消费者效用中，从而得到最优增长路径是通过对环境、污染和资源开采的成本和收益赋予价格在当前与未来福利之间进行平衡，增长的可持续问题就转化为是否寻找净国民生产总值无限增长的最优增长路径问题。阿勇（2001）假设污染是与产出成比例的，通过建立包含可再生资源的经济增长模型考虑了经济可持续增长、可再生资源和污染之间的关系，得出了拉姆齐均衡的最优经济增长路径。格里莫和罗赫（2005）将环境污染和不可再生资源引入基于"创造性破坏"的新熊彼特模型中，考察了环境外部性对经济平衡增长路径的影响。

在国内，王海建（2000）在卢卡斯的人力资本积累的内生经济增长模型中除考虑耗竭性资源外，进一步加入了环境外在性对效用的影响。焦必方（2001）将环境作为经济增长的内生变量，建立了基于环保型的内生经济增长模型。于渤等（2006）在 R&D 内生增长模型中加入了能源资源耗竭和环境治理成本因素，讨论了模型的平衡增长路径和实现经济可持续发展的必要条件。彭水军、赖明勇、包群（2006）提出了三个研究资源环境因素与经济增长的模型，分别是基于卡斯和库普曼斯的新古典增长模型，基于马萨瓦和卢卡斯的内生人力资本模型，基于格罗斯曼、埃尔普曼和罗默的内生技术进步模型，为资源环境因素与经济增长关系的研究做了系统的分析。许士春等（2010）将耗竭性资源和环境污染问题纳入内生经济增长模型，并运用最优控制方法研究了稳态的经济可持续最优增长路径，讨论模型的平衡增长解；在平衡增长解的基础上，进一步探讨了实现经济可持续最优增长路径的必要条件。

第二节 资源、环境与经济增长关系的研究方法

一 生态足迹法

生态足迹（Ecological Footprint），也称生态占用，是由加拿大著名生态经济学家里斯（1992）提出，后由其学生瓦克纳格尔（1996）对其进行了改进。生态足迹最为通用的定义是：以生态生产性土地（或水域）面积来表示的特定数量人群所消费的自然生态系统提供的各种商品、服务功能和消费过程中所产生的需要环境吸纳废弃物的数量。生态足迹概念源于可持续发展的思想。可持续发展的实质是社会的生产和消费活动应该在生态环境的承载能力以内，生产和消费活动不能过多地伤害我们的生态环境，保证资源和环境可以让人类可持续地生存下去。

生态足迹是以生态生产性土地（Ecological Production Area）为度量标准。生态生产性土地可分为六大类：可耕地、牧草地、化石燃料

土地、林地、建筑用地和水域。其计算以两个基本事实为基础，一是人们能够自己估算出消费的绝大多数的资源、环境以及消费过程中所产生的需要环境吸纳的废弃物数量；二是前一步估算出的资源流能换算成相应的生态生产性土地面积。它的计算一般分为以下几个步骤：

第一，生态承载力的计算。我们首先根据相关统计资料或实地测量计算出各类生态生产性面积，为了能进行比较，需要计算生产力系数，方法为，某区域某类用地生产力系数等于该区域单位平均产量除以该类用地全球平均产量。其次，为了求和方便，我们将所有不同类型的生态生产性土地面积统一换成在生态生产力上等价的面积，其转换方法为，某类生态生产性土地等价因子等于全球该类用地的平均生态生产力除以全球所有生态生产用地的平均生态生产力，其中平均生态生产力用货币价值体现，表2-1为2010年世界自然基金会（WWF）采用的等价因子。最后计算各类人均生态承载力，加总六类人均生态承载力得到人均生态承载力，乘以区域总人口数就是总生态承载力。其中，各类人均生态承载力可以使用如下式子得到：某类用地人均生态承载力等于某区域某类用地生产力系数与某区域某类用地生产力系数以及某类生态生产性土地的等价因子三者的乘积。

表2-1　　　　　　　　　　等价因子

生态生产性土地类型	可耕地	牧草地	林地	水域	建筑用地	化石燃料土地
等价因子	2.51	0.46	1.26	0.37	2.51	0.31

注：假设建筑用地占用了基本农业土地，因此建筑用地和耕地有相同的等价因子。

第二，生态足迹的计算。我们首先对区域内的消费项目进行划分，划分依据为按生物能源类型分类，并且计算每一类人均年消费量；接下来计算生产各种消费项目人均占用的生态生产性土地的面积，具体计算为，某消费项目人均占用生态生产性土地面积等于某消费项目人均年消费量（kg）与单位土地年均生产量（kg/hm²）的比值；计算出各种消费项目人均生产占用的六类生态生产性土地后，将表 2-1 给出的等价因子作为权重，加总六类生态生产性用地的人均生态足迹，得出人均生态足迹；再乘以区域总人口数，就得出总生态足迹。我们用公式表示为

$$EF = N \times e_f = N \sum r_j A_i = N \sum r_j (p_i + I_i - E_i) / (Y_i \times N) \quad (2-1)$$

其中 $j = 1, 2, \cdots, 6$；$i = 1, 2, \cdots, n$，j 为六类生态生产性土地类型，EF 为总生态足迹，e_f 为人均生态足迹，N 为总人口数，r_j 为表 2-1 的等价因子，i 为消费商品的种类，p_i、I_i、E_i 分别为资源生产量、进口量、出口量，Y_i 为第 i 种消费商品的全球平均产量。

第三，生态赤字（盈余）的计算。生态承载力与生态足迹之差，如果差为负，则表明是生态赤字（Ecological Deficit），说明人类对生态系统的需求大于供给，表明该地区的发展状态是不可持续的；如果生态承载力与生态足迹的差是正的，则表示是生态盈余（Ecological Surplus），说明人类对生态系统的需求在生态承载力的范围，表明该地区的发展是可持续的。

生态足迹的分析方法主要有两种：国家层面的生态足迹主要使用综合法（Compound Approach），从上到下使用国家层面的数据归纳，世界自然基金会等均采用综合法计算全球和国家生态足迹。除国家层面的，其他层面的，如从区域到个人的生态足迹常使用 Simmons 等提出的成分法（Component Approach），是由下到上地采用当地的数据。成分法是以人类的消费活动为出发点，运用物质流分析方法计算出消费活动的主要消费品的数量以及消费活动产生的废弃物的生产情况，物质流产生的环境压力可由生态足迹计算出来。成分法的主要计算技术是产品生命周期法，ISO 14000 详细说明和规范了产品生命周期法以及消费清单。

由世界自然基金会（WWF）出版的《地球生命力报告 2010》指

出,截至 2007 年,人类生态足迹超过地球生态承载力的 50%;世界上 71 个国家正在面临这种压力;2007 年消耗的可再生资源需要 1.5 年的时间来生成;到 2030 年,人类将需要 2 个地球来吸收排放的二氧化碳并满足其对自然资源的需求。

二 环境绩效指数 (EPI)

2000 年,美国耶鲁大学和哥伦比亚大学共同研究开发了环境可持续发展指标(ESI),该指标可以全面地、系统地定量比较不同国家的环境状况,ESI 指标 2000 年 1 月在瑞士达沃斯举办的世界经济论坛上公布,2000 年后,他们又分别于 2001 年、2002 年和 2005 年先后发布了三次 ESI 评估报告。2006 年,耶鲁大学和哥伦比亚大学在 ESI 的基础上开发了环境绩效指数 EPI,并对各国的 EPI 指数进行了排名。ESI 与 EPI 的基本发布情况见表 2-2。

表 2-2　　　　　　ESI 与 EPI 的基本发布情况

指数名称	开始发布(年)	已发布(年)	参与评估的国家或地区数(个)
ESI	2000	2000	56
		2001	122
		2002	142
		2005	146
EPI	2006	2006	133
		2008	149
		2010	163

2006 年,中国 EPI 总得分为 56.2 分(满分为 100 分,下同),在 133 个国家中排名第 94 位,低于同等收入国家的平均水平;2008 年,中国总得分为 65.1 分,在 149 个国家中排名第 105 位;2010 年,中国

总得分为49.0分，在163个国家中排名第121位。

中国EPI排名持续偏后的原因与中国的环境管理不是以满足人体健康要求的环境质量为目标，而是以完成控制指定的常规污染物为目标有关。这就导致了，尽管我们花费了巨大的人力、物力和财力控制了某些污染物的排放量，但对人体健康产生直接威胁的污染物并没有明显降低，由此所带来的人体健康风险也并未降低。

三 绿色GDP

虽然GDP被称为20世纪最伟大的发明之一，但GDP不能反映经济增长对资源环境所造成的影响。针对GDP无法体现经济活动对自然资源的消耗和对环境造成污染的代价，近半个世纪以来众多学者在探求GDP的更新完善，这些研究内容可以概括为"绿色GDP核算研究"。现今，世界上主要有四类绿色GDP的核算方法，分别是联合国、菲律宾、荷兰和欧洲的核算体系。世界各国的国民经济核算基本是按照联合国制定的SEEA核算体系进行，但是从各国开展绿色GDP核算的情况来看，目前世界上还没有形成一个公认的资源环境的核算体系，各国还在不断探索绿色GDP的核算方法。

中国对绿色GDP的研究时间较短，核算的基础较薄弱，目前中国的绿色GDP的核算还处于一个从试点和局部开始，逐步推广和完善的阶段。中国绿色GDP核算体系框架如图2-1。

| 绿色GDP | = | 传统GDP | − | 资源消耗成本RDC | − | 环境损失成本EDC |

图2-1 中国绿色GDP核算体系框架

在图2-1的核算框架中，资源消耗成本（RDC）通过资源经济的核算（REA）得到，REA的内容包括耕地、森林、渔业、水、矿物资源的核算；通过环境经济核算（EEA）可以得到环境损失成本（EDC），环境经济核算的内容包括水、大气、固体废弃物污染核算以及生态破坏核算。中国关于绿色GDP核算体系目前限定在理论和局部层面上，还没能作为一种全国性的统计方法加以实施。

资源、环境与经济增长研究除了采用生态足迹法、环境绩效指数和绿色GDP外，还有使用全要素生产率与技术效率指标来描述考虑能源消费、环境污染下的经济增长研究。全要素生产率和技术效率指标是国内外研究经济增长的重要方法，下面详细介绍全要素生产率与技术效率的定义、核算方法及相关的研究文献。

四 技术效率与全要素生产率

1. 技术效率

传统的经济理论认为经济增长主要源于要素投入和生产率的提高两个部分。但基于收益递减规则，由要素投入带来的高增长只能是短期的、不可持续的，可持续增长只能通过生产率的增长来获得。传统的经济增长理论把全要素生产率的增长归结为技术的进步，现今，大部分研究学者不再单单把全要素生产率完全看成是技术进步了，除技术进步之外，还包括技术效率的变动。

法雷尔（Farrell，1957）在《生产效率测度》一文中提出经济效率（Economic Efficiency，简称EF）由技术效率（Technical Efficiency，简称TE）和配置效率（Allocative Efficiency，简称AE）两部分组成。法雷尔从投入角度给出技术效率的定义，是指在相同的技术水平和相同的市场价格水平条件下，按照一定的要素投入比例，产出同样数量的产品所花费的最低成本与实际花费的成本的百分比。莱本斯坦（Leibenstein，1966）从技术效率的产出角度给出了一个定义，它指实际产出水平与同样的投入和价格水平下的最大产出水平的百分比。从投入和产出角度给出的技术效率的定义本质是一样的，即技术效率为实际水平（产出或成本）与前沿边界或最优值（最大产出或最小成本）的比值，体现了生产者的实际生产活动与最优生产活动或生产前沿边界的接近程度，主要反映了现有技术水平的发挥情况。

图2-2构建了两种投入一种产出的企业技术（非）效率与规模（非）效率模型。图中，横轴为每单位产出的劳动要素投入，纵轴为每单位产出的资本要素投入，CC'为等成本线，OP为厂商规模扩张线，UU'为生产前沿面，企业的技术（非）效率和配置（非）效率由企业的样本点和生产前沿面UU'决定。

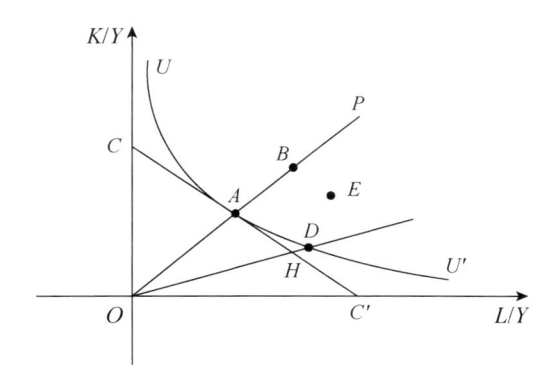

图2-2 法雷尔模型

A点（CC'、UU'和OP的交点）为技术效率和配置效率最优点；B点（在OP上，不在UU'上）配置效率最优，但技术效率非最优，存在技术非效率；D点（在UU'上，不在OP上）技术效率最优，但配置效率非最优，存在配置非效率；E点（在OP和UU'线外）为配置效率和技术效率非最优，存在配置非效率和技术非效率。

技术效率、配置效率和经济效率的具体测度也可以从投入和产出两个角度进行。图2-3从投入角度分析。图中一厂商使用两种投入（x_1和x_2）生产一种产出（y），SS'是等产量曲线与其对应的生产函数为前沿生产函数。AA'为等成本曲线，当投入的要素价格已知时，等成本曲线的斜率也就确定了。P、Q、Q′为不同的样本点,由图可知,P为非经济有效样本,Q′为经济有效样本,Q为技术有效样本。各单元的技术效率我们使用由有效生产单元组成的等产量曲线 SS′来计算。P点表示的技术非效率,我们用 QP/OP 来表示,它表示该生产单元在 P点达到技术有效产出时应减少的投入要素的数量。因此,技术效率可以表示为:

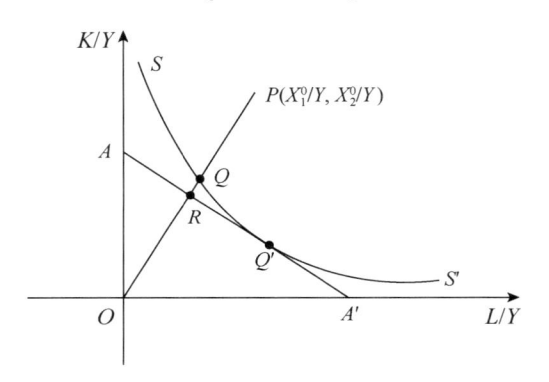

$$TE = OQ/OP = 1 - QP/OP \qquad (2-2)$$

图 2 - 3 法雷尔的投入角度的技术效率

RQ 代表了样本点从技术有效但配置无效的点 Q,移动到技术有效和配置有效的点 Q′时,所需要减少的成本,因此点 P 的配置效率(AE)为 AE = OR/OQ。总的经济效率(EE)为两者的乘积,为:

$$EE = OR/OP = (OQ/OP) \times (OR/OQ) \qquad (2-3)$$

RP 的距离即表示该生产单元要达到技术和配置同时有效时,需要节约的投入成本。

法雷尔基于投入导向的技术效率表明了这么一个问题:在规模收益不变、价格确定且在既定的技术水平下,不改变所生产的产出,投入量可以按比例减少多少?这个问题的对偶问题是:保持所使用的投入量不变,产出增加的比例是多少?莱本斯坦(1966)正是从产出角度回答了这个问题,图 2 - 4 给出了他从产出角度对技术效率做的定义。图 2-4 中，我们假设生产使用一种投入要素 (x) 产生两种产出 (Y_1, Y_2)，ZZ' 是产出前沿面，也即生产可能性曲线。非效率生产单元 A 的技术效率和配置效率分别为

$$TE = OA/OB = 1 - AB/OB \quad (2-4)$$

$$AE = OB/OC \quad (2-5)$$

这样经济效率表示为：

$$EE = OA/OC = (OA/OB) \times (OB/OC) \quad (2-6)$$

被人们普遍接受和广泛运用的是从产出角度测度的技术效率，因为这种测度与增长理论联系更密切。

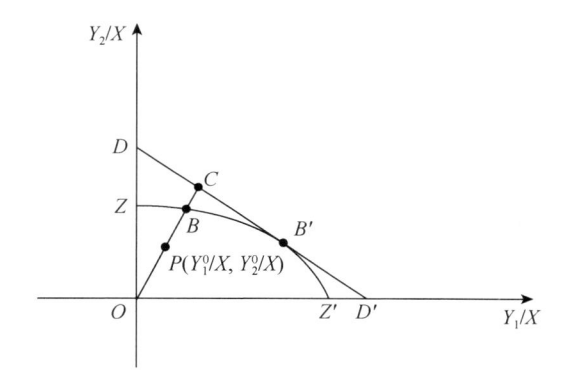

图 2-4 莱本斯坦的产出角度的技术效率

因为法雷尔测量要求所有投入按相同比例变动，这意味着，法雷尔有效时，可能还存在非零的松弛变量，这与库普曼斯定义的技术有效是不一样的，也就是说，达到 Farrell 有效时，可能没达到库普曼斯有效。库普曼斯 (1951) 认为达到技术有效性时，是不存在非零的松弛变量的，即如果其他产出（或投入）不减少时，技术上是不可能出现任何产出（投入）的增加（减少）的。生产前沿面正是由技术有效的投入和产出向量的所有的可能组合构成。

2. 全要素生产率

生产率是指生产过程中投入的要素资源（包括财力、人力、物力

资源）转为实际产出的效率，即要素资源的开发利用效率，是产出除以投入。实际应用中，根据研究的投入要素的数量的不同，生产率又可包括全要素生产率（TFP）和单要素生产率（SFP）。其中，单要素生产率衡量的是产出与单一一种生产投入要素之间的效率关系，它只能反映一种要素的生产效率的变化，而不能反映所有要素的节约情况。事实上，生产过程往往需要几种要素的配合使用，如劳动和资本两种投入要素的配合使用。由经济增长理论可知，我们用劳动替代资本，并产出相同数量的产出时，劳动产出率会因劳动投入的增加而降低，而资本产出率会由于投入的资本数量的减少而提高。因此，单要素生产率并不能反映所有要素的生产率的变动。与单要素生产率不同，全要素生产率能反映所有要素投入生产率的变动，又称为"综合要素生产率"，是总产出与全部要素投入量之比，它能很好地反映一个国家或地区经济增长的质量。相对于单要素生产率，全要素生产率能够更加真实客观地反映一个经济系统的宏观综合经济效益，是分析经济增长源泉的重要工具。我们还可以通过对全要素生产率进行分解来计算各种要素投入对经济增长的贡献，以便分析经济增长的方式。

全要素生产率的定量研究开始于20世纪50年代。美国经济学家拉莫维茨（1956）在研究美国1869—1878年的经济时发现，存在除要素投入增长以外的其他因素使得产出增长。索洛（1956）将这些除投入外其他影响产出增加的因素归为技术进步的影响，即索洛残差（Solow's residual）。全要素生产率的研究起源于索洛（1957），后来很多经济学家如丹尼森、乔根森、费尔、艾格纳、查恩斯、凯夫斯等人在索洛的基础上对全要素生产率的理论和方法进行了完善。索洛模型的生产函数为：

$$Q = A(t) f(K, L) \qquad (2-7)$$

式中，$A(t)$ 为满足希克斯中性和规模收益不变的技术变动。Q 为产出，K，L 为资本和劳动两种投入，f 为生产函数。式（2-7）关

于 t 做全微分，再除以 Q 得到：

$$\frac{\dot{Q}}{Q} = \frac{\dot{A}}{A} + A\frac{\partial f}{\partial K}\frac{\dot{K}}{Q} + A\frac{\partial f}{\partial L}\frac{\dot{L}}{Q} \qquad (2-8)$$

定义资本和劳动的产出弹性 ω_K，ω_L 为：

$$\omega_K = \frac{\partial Q}{\partial K}\frac{K}{Q}, \quad \omega_L = \frac{\partial Q}{\partial L}\frac{L}{Q}$$

因为 $\frac{\partial Q}{\partial K} = A\frac{\partial f}{\partial K}$，$\frac{\partial Q}{\partial L} = A\frac{\partial f}{\partial L}$，因此式（2-8）可以写成：$\frac{\dot{Q}}{Q} = \frac{\dot{A}}{A} + \omega_K\frac{\dot{K}}{K} + \omega_L\frac{\dot{L}}{L}$，将这个式子变形可得残差公式：

$$\frac{\dot{A}}{A} = \frac{\dot{Q}}{Q} - \omega_K\frac{\dot{K}}{K} - \omega_L\frac{\dot{L}}{L} \qquad (2-9)$$

式（2-9）即为索洛残差，这个索洛残差正是全要素生产率。

当生产函数为 $Q = A(t)K_t^{\alpha}L_t^{\beta}$ 时，全要素生产率增长的索洛残差公式为：

$$\frac{\dot{A}}{A} = \frac{\dot{Q}}{Q} - \alpha\frac{\dot{K}}{K} - \beta\frac{\dot{L}}{L} \qquad (2-10)$$

索洛（1957）的研究表明，资本和劳动要素投入只能解释12.5%的经济增长，全要素生产率主要是技术进步的提高能够解释经济增长的87.5%。

在索洛的基础上，诺贝尔经济学获得者丹尼森（1967）进行了改进。他在著作《美国经济增长的因素和我们面临的选择》（又名《美国经济增长的源泉》）中，把经济增长分解为要素投入增加导致的经济增长和生产率的提高导致的经济增长。丹尼森认为劳动这种要素投入的增加表现为两种形式，一是劳动数量的增加，二是劳动质量的提高。丹尼森还强调了教育和知识进步对经济增长的重要性，教育可以提高劳动者的质量，从而导致经济增长。丹尼森又认为，索洛测算的全要素生产率比较大的原因是，低估了要素投入的增长率，这种低估是由于索洛假设资本和劳动两种要素是同质的，而实际上，劳动因劳动的质量不同而不同。

乔根森（1967）在全要素生产率研究问题上也有很大的贡献。首先，他采用超越对数生产函数的形式，在部门和总量两个层次上对全要素生产率进行了测算；其次，为了保证产出和投入的数量是精确计算的，他对总量产出、资本投入与劳动投入进行了细致的分解，他将劳动力按6个特征包括教育、行业、性别、年龄、就业类别和职业进行交叉分类，乔根森同样认为劳动的增加不仅可以通过延长劳动时间来达到，还可以通过提高劳动者的质量来实现。

乔根森（1995）又对美国的经济增长进行了研究，研究表明经济增长的主要动力是人力资本和非人力资本，而不是生产率的提高。

3. 前沿分析法与数据包络分析法

目前，技术效率和全要素生产率得到了较快的发展。概念上，已经由传统的只包含资本和劳动的技术效率和全要素生产率发展到了考虑能源和环境因素的技术效率和全要素生产率；理论上的发展也不断往前推进；实证测算方法上，也由传统的简单测算方法发展到了参数和非参数等复杂的测算方法。

技术效率与全要素生产率的测度以统计方法计算的称作参数法，以数学方法计算的称作非参数法，具体可见图2-5。这里主要对目前最常用的随机前沿分析法和数据包络分析法中的典型模型和主要的文献进行介绍。

（1）随机前沿分析法

确定性前沿分析法和随机前沿分析法是前沿分析法的两种形式。

确定性前沿生产函数由艾格纳和朱（1968）提出，他们认为在生产条件确定的情况下，前沿生产函数是指生产要素投入与可能的最大产出量之间的数量关系。他假定所有的生产单元使用同一个固定的前沿面来分析技术效率，并且对影响产出的不可控因素（如气候、政策变动、资料统计误差、方程测定误差等）和可控因素不加区分，这使所测得的技术效率与真实的效率水平有很大偏差。确定性前沿分析法使用的是确定性前沿生产函数。

```
                技术效率与全要素生产率的主要测度方法
                ┌──────────────────┴──────────────────┐
             非参数方法                              参数方法
                │                      ┌──────────────┴──────────────┐
        数据包络分析法（DEA）      确定性前沿分析法            随机前沿分析法（SFA）
        ┌───────┴───────┐                                 ┌───────┴───────┐
     CCR模型          BCC模型                         BC（1992）模型    BC（1995）模型
```

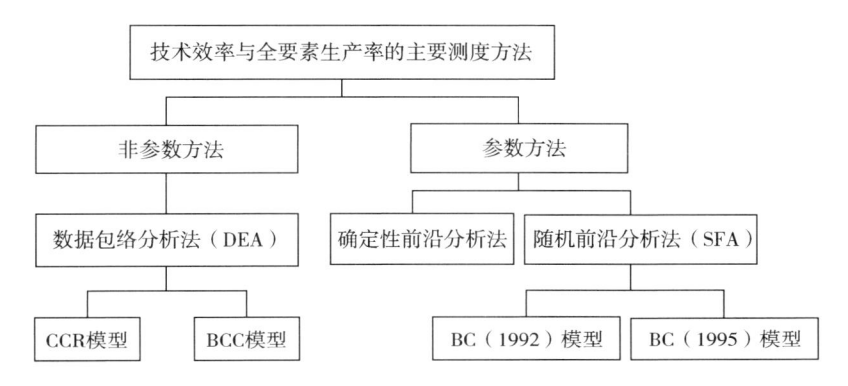

图 2-5 技术效率和全要素生产率的主要测度方法

随机前沿分析法由美国的艾格纳、洛弗尔、施密特（1977）和比利时的米森、万登·布洛克（1977）分别独立提出。以后的学者对随机前沿模型不断地进行了改进，主要表现在误差项的分布和数据的选择方面。随机前沿分析法又主要有巴特尔和科埃利（1992）模型（简称 BC（1992）模型）和 BC（1995）模型。BC（1992）模型假设误差项（即非效率项）服从截尾正态分布，并认为技术效率随时间不同而变化。具体为：

$$\ln Y_{it} = x_{it}\beta + (v_{it} - u_{it}) \tag{2-11}$$

其中 Y_{it} 为第 i 个企业第 t 期的产出，x_{it} 为解释变量，β 为待估参数，$v_{it} \sim iid.\ N(0, \sigma_v^2)$ 并且和 u_{it} 相互独立，$u_{it} = \{u_i exp[-\eta(t-T)]\}$，$u_i$ 是非负随机变量，表示生产的无效率程度，服从截尾正态分布 $N(\mu, \sigma_\mu^2)$，η 为待估参数。技术效率为：

$$TE_i = Y_{it}/\exp(x_{it}\beta + v_{it}) = \exp(-u_{it}) \tag{2-12}$$

BC（1995）模型与 BC（1992）模型基本一致，但假设 u_{it} 为非负截尾正态分布并服从 $N(m_{it}, \sigma_u^2)$，同时假设 $m_{it} = z_{it}\delta$，z_{it} 是影响效率

的因素，为 $P \times 1$ 维的向量，p 为影响因素的个数，δ 为待估参数向量。BC（1995）模型通过一次估计便可测算技术效率并可以对各因素对技术效率的影响程度进行分析，因此，在实证研究中运用较广。第五章有关于 BC（1995）模型技术效率和全要素生产率测度的详细介绍，BC（1992）关于技术效率和全要素生产率测度与 BC（1995）类似。

随机前沿分析法在计算全要素生产率时考虑到了随机误差对经济增长的影响，能较好地模拟经济发展状况，并且该模型允许技术无效率的存在，并且将全要素生产率的变化分解为技术进步和技术效率的变化，这更加接近实际经济情况。正因为具有如上优点，2000 年以后中国学者逐渐采用这种方法对全要素生产率进行研究。

刘小二和谢月华（2009）采用随机前沿分析法和超越对数生产函数对中国区域全要素生产率进行实证研究。研究表明，改革开放以来中国不同地区的全要素生产率均有明显上升，但欠发达地区的增长快于发达地区，这说明全要素生产率有一定的收敛性；而从全要素生产率增长率的构成看，技术进步的贡献最大，规模经济贡献很小，生产效率的贡献甚至为负值，说明中国在以往的经济增长中，注重了技术进步，而忽略了地区生产效率的提高。

王志刚等（2006）采用超越对数形式的基于面板数据的随机前沿模型，分析中国自 1978 年以来各地区间生产效率。研究结论为，生产效率最高的地区为东部地区，中、西部地区次之；各地区生产效率具有一定的波动性，但地区间差异基本保持不变；技术进步是全要素生产率增长率的主要决定因素，并且 TFP 增长率 1995 年以后有下降趋势。

傅晓霞等（2006）基于随机前沿生产函数，分析了各地区增长的差异，将各地区劳均产出差距分解为劳均资本差异、经济规模差异和全要素生产率差异三个部分；并利用 1978—2004 年的省际数据进行实证研究发现，地区差异的重要决定因素是全要素生产率，而不是要素投入量的差异；并且全要素生产率在地区劳均产出差异中占的份额越来越高，这表明今后中国地区经济增长的主要差异仍将是全要素生产率。

郑若谷等（2010）在随机前沿分析框架中引入了产业结构和制度，分析了产业结构和制度对经济增长的影响作用。研究表明，不管是长期还是短期，产业结构对经济增长均有明显的影响，对要素配置功能的影响只在短期内才有，制度对经济增长和要素配置功能的影响作用则刚好相反。

随机前沿分析法除了应用于研究中国区域的技术效率和全要素生产率外，也有使用该方法对某些部门进行研究，主要研究部门为工业部门。王争和史晋川（2007）基于省际面板数据研究了转型时期中国工业部门生产绩效的地区异质性和工业部门生产绩效的短期波动的一致性背后的原因。研究表明，自1978年以来，劳动边际生产率在各地区工业部门呈上升趋势，资本边际生产率呈下降趋势，这种现象在东部区域最为突出。并且，各地区工业部门的资本边际生产率的分布正由离散走向极化，劳动的变化则表现出由极化走向离散的趋势。涂正革、肖耿（2005）应用随机前沿生产模型对中国工业的全要素生产率增长趋势及潜力进行了研究。研究表明，工业企业的 TFP 呈逐年上升的趋势，提高全要素生产率增长率的主要动力是技术进步；工业企业的技术效率的变化抑制了全要素生产率的增长，导致 TFP 平均每年下降7个百分点。王争等（2006）利用随机前沿生产函数对1987—2002年中国地区工业生产绩效的动态表现进行研究，研究发现自1988年以来各地区工业部门的 TFP 增长率都出现了增长的趋势，其首要推动力在于技术进步的不断提高。

也有学者使用随机前沿分析法对某些行业进行研究。李谷成等（2007）基于超越对数函数形式的随机前沿生产函数模型，用湖北省农户的微观面板数据对农户家庭经营的全要素生产率、技术效率做了系统分析。严兵（2008）运用随机前沿生产函数和1999—2006年产业面板数据研究了制造业内外资企业全要素生产率和技术效率的动态变化特征。范建双等（2010）在全要素生产率增长分解和随机前沿生产函数模型的基础上，对中国深沪两市建筑业板块上市大型承包商2003—2007年的全要素生产率增长情况进行了测算，并对不同类型大型承包商的全要素生产率增长进行了比较分析。余泳泽和张妍（2012）采用三投入超越对数形式的随机前沿面板模型，考察了中国各省市1995年以来高技术产业的生产效率和全要素生产率增长率变迁。

随机前沿分析法也有它的局限性，只有在一种产出的情况下才可以用该方法，一种产出一种投入，一种产出多种投入它都可以用，但对于多种投入多种产出的情况随机前沿分析法是无能为力的；另外该方法在用于大样本数据时，估计结果才较准确，用于小样本的估计结果会有较大的误差；还有，同索洛残差法一样，使用随机前沿生产函数法需要对生产函数的形式进行设定。

（2）数据包络分析法

数据包络分析法（Data Envelopment Analysis，简称 DEA）是一种对具有多输入、多输出的决策单元（DMU）进行相对效率比较的有效方法，是由著名的运筹学家 A. 夏恩斯和 W. W. 库珀等人于1978年提出的。

DEA 构建出来的生产前沿面是一个非参数的分段线性凸面。对于 DMU 为两种投入一种产出的情形我们可以通过图 2-6 来看，每个黑点表示一个决策单元，DEA 就是要找出由点1和点2连接起来的三段直线组成的生产前沿面 SS'，然后再将生产前沿面 SS' 与其他黑点表示的决策单元进行对比计算其技术效率。

DEA 模型有两种，一是由贝克尔、查理士和库珀（1984）提出的可变规模报酬（VRS）的 DEA 模型（也叫 BBC 模型），BBC 模型

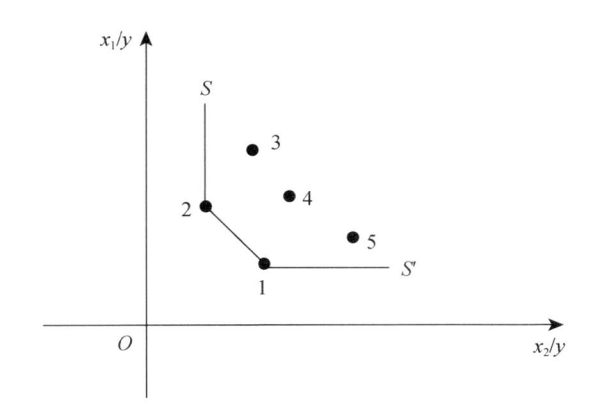

图 2-6　分段线性曲面等值曲线

在测算技术效率（TE）时排除了规模效率的影响；另一种是由查理士、库珀和罗兹（1978）提出的不变规模报酬（CRS）的 DEA 模型（也叫 CCR 模型），CCR 模型在测算综合技术效率（STE）时包含了规模效率。

CCR 模型的主要思想为：假设有 N 个规模收益不变的决策单元，每一决策单元都有 M 种投入和 S 种产出，分别用向量 x_i 和 y_i 表示第 i 个决策单元的投入和产出，$M \times N$ 为投入矩阵 X，$S \times N$ 为投入矩阵 Y，它们代表 N 个决策单元的所有数据。CCR 的具体模型为：

$$\begin{aligned}
\min \quad & \theta \\
\text{s. t.} \quad & -y_i + \lambda Y \geq 0, \\
& \theta x_i - \lambda X \geq 0, \\
& \lambda \geq 0
\end{aligned}$$

其中，θ 为一标量，λ 为 $N \times 1$ 的常数向量，目标函数值 θ 就是第 i 个决策单元的效率值。CCR 假设规模收益不变，即决策单元可以通过增加投入来等比例地增加产出，这一假设在现实生活中是很难满足的。BBC 模型是基于可变规模收益假设的 DEA 模型。CCR 模型当中增加凸面条件 $I'_1 \lambda = 1$ 就是 BBC 模型。

通过数据包络分析法计算全要素生产率时需要采用生产率指数如曼奎斯特生产率指数，构建曼奎斯特生产率指数首先需要定义距离函数，距离函数的构建可参见谢波德（1970）。费尔（1988）将曼奎斯特生产率指数分解为技术效率变化、规模效率变化和技术变化。

数据包络分析法不需要事先对生产函数的形式进行设定，因而能适用于各种形式的投入产出。正因为具有如上优点，所以在研究中国全要素生产率问题上，数据包络分析法备受青睐。

有学者在不考虑能源环境影响下使用该法对中国区域的经济增长进行了研究，并对东、中、西部地区进行了对比。颜鹏飞、王兵（2004）运用数据包络分析法测度了 1978—2001 年中国 30 个省份的技术效率（TE）、技术进步（TP）以及全要素生产率（TFP）的曼奎斯特生产率指数，研究表明，研究期间中国 TFP 是增长的，全要素生产率增长的主要原因是技术效率（TE）的提高；他们还认为 1992 年以前技术效率趋势先是趋同，之后消失，各个地区生产率差异的主要原因仍是技术进步。杨文举（2006）在利用 DEA 对劳动生产率的变化进行三重分解的基础之上，以 1990—2004 年为分析时间段，对中国各省份劳动生产率的变化进行了相应的分解分析，并探讨了中国省际劳动生产率增长差距演化的背后原因。分析表明，20 世纪 90 年代以来，技术效率的变化、技术进步和资本深化都对中国各省的劳动生产率具有显著的促进作用，中国省际劳动生产率增长差距经历了一个显著扩大的过程，并且技术进步的省际差异是其主要原因，而技术效率的变化和资本深化的省际差异对这种差距扩大却具有明显的抑制作用。赵伟等（2005）运用 DEA 方法得出结论认为，中国各个地区 TFP 总体上表现出了较强的增长态势，但东部地区增长速度要快于中、西部地区。

也有学者对几种全要素生产率估算方法进行了比较研究。郭庆旺等（2005）比较分析了几种不同的全要素生产率的测算方法，最后选出了索洛残差法、隐性变量法和潜在产出法测算了中国 1979—2004 年间全要素生产率增长率。分析表明，中国经济的增长主要依赖于要素投入的增加，全要素生产率增长影响不大，这说明中国经济增长的方式主要是靠投入拉动的。

还有学者使用数据包络分析法对行业进行了分析。沈能（2006）使用基于非参数的曼奎斯特生产率指数法将全要素生产率（TFP）变动分解为技术进步与技术效率两个组成部分，研究了 1985—2003 年中国制造业全要素生产率，发现 TFP 年均增长主要得益于技术进步水平的提高，技术效率变化反而对 TFP 年均增长产生了负面影响，而且东、中、西部地区制造业的技术进步和 TFP 增长率差距呈发散趋势，地区技术进步程度的差异可以解释 TFP 差距持续扩大的很大部分。

DEA 方法也有它的局限性，它把观测值到前沿面的差距都归结为无效率，没有区分随机测量误差和噪音的影响，而随机性变化会影响前沿面的构造，从而影响计算出的技术进步和技术效率。

第三节　能源、环境与全要素生产率的经验研究

1978 年以后，越来越多的学者关注对中国经济增长源泉的研究。其中，经济增长研究的核心是全要素生产率的测算。

全要素生产率的研究早期采用的是传统的索洛残差法。全要素生产率增长率指的是产出增长率减去各要素产出弹性和各要素投入增长率的乘积后剩余的部分。因此，这样计算的全要素生产率增长率不应该全是技术进步的结果，其中一部分可能是由于技术进步引起，另一部分可能是由于非技术进步引起，因此我们需要进一步对这个全要素生产率增长率进行分解。代表性的成果有邹和林（2002）、王和姚（2003）、杨（2003）等。王和姚（2003）、杨（2003）都使用了增长核算模型测算了不同时期中国的全要素生产率，其中杨（2003）的测

算不包括农业部分；邹和林（2002）使用了 C—D 生产函数测算了 1979—1998 年中国大陆和台湾的全要素生产率。

　　索洛增长核算假定生产者在技术上都充分有效，这与经济现实明显不完全相符（Farrell，1957），之后，前沿技术分析法得以发展。前沿技术分析（Frontier Productivity Analysis）将全要素生产率分解为前沿技术（Frontier technology）和技术效率，换句话说前沿技术分析法允许生产者存在技术无效率（Technical inefficiency）。技术效率刻画的是某一生产者实际生产技术离最优技术的差距，前沿技术反映所有生产者最优的生产技术水平。

　　随机前沿分析和数据包络分析为前沿技术分析的两种主要的方法。随机前沿分析是一种参数（Parametric）方法，以回归分析为基础，需要设定生产函数和随机项的概率分布，因为模型考虑到了随机项，所以随机前沿分析能够考虑环境变化和随机因素对生产行为的影响，这是随机前沿分析法的最大优势所在；数据包络分析是一种非参数（Non-parametric）方法，主要基于线性规划来做，与 SFA 方法不一样，它不需要对生产函数的形式进行设定，但也因为这样，DEA 方法不能用于分析随机因素对生产行为的影响。前者代表性成果有吴（2003），王志刚等（2006），傅晓霞、吴利学（2006），查冬兰等（2009），王志平（2010）。吴（2003）使用 1978—2003 年各省市区的面板数据，采用超越对数生产函数和 BC（1992）模型，通过生产率分解研究中国经济的可持续发展问题；王志刚等（2006）使用 BC（1995）模型利用 1978—2003 年省际数据进行了研究，发现中国工业技术效率最高的是东部地区，其次是中西部地区；傅晓霞、吴利学（2006）提出随机前沿生产函数的地区差异分析框架，将各地区劳均产出差距分解为劳均资本差异、经济规模差异和全要素生产率差异三部分，并指出全要素生产率差异是造成地区差异的主要因素；查冬兰等（2009）将能源、资本和劳动力视为重要的生产要素投入，利用技术可变的面板随机前沿生产模型，估算了1995—2004年中国省际的全要素生产增长率；王志平（2010）将主成分分析与随机前沿超越对数生产函数相结合，研究了中国各地区全要素生产率以及生产效率的区域特征。后者主要有颜鹏飞和王兵（2004）、胡鞍钢和郑京海（2004）、涂正革和肖耿（2005，2006a）等。胡鞍钢和郑京海（2004）基于固定规模报酬的非参数模型，采用省际数据，利用DEA-Malmquist指数法对全要素生产率的增长率进行了分解，通过研究得到中国TFP下降的结论。颜鹏飞和王兵（2004）采用了非参数方法从技术进步及技术效率角度对中国经济1978—2001年的全要素生产率增长进行了研究。涂正革和肖耿（2005，2006a）对37个工业行业1995—2002年的全要素生产率进行了研究，研究采用生产率指数增长核算方法和随机前沿模型方法，将TFP增长率最终分解为要素的配置效率的改进、规模经济性的改进、技术进步和技术效率的改善。本书考虑能源投入下的全要素生产率研究采用随机前沿分析技术，这主要是因为相对于数据包络分析法，随机前沿分析法具有两个优点。首先，该方法由于使用时需要事先设定生产函数和随机项的概率分布特征，所以可以对模型中的参数和模型本身进行t检验和LR检验，这是数据包络分析法所不具备的特点之一；其次，该方法可以建立随机的前沿面，随机前沿面的建立更适合于研究跨时期的面板数据，使研究结论与现实更接近，相反，数据包络分析法使用的是固定的前沿面，固定的前沿面忽略了样本之间的差异性，固定前沿面使得数据包络分析法的研究结论不及随机前沿分析法接近现实。

考虑能源投入下的全要素生产率的实证研究，使用随机前沿分析法的文献有查冬兰等（2009），这篇文章的缺陷在于，首先，没有验证能源与经济增长的关系；其次，使用的是BC（1992）模型，该模型只能反映技术效率的数值大小，不能反映技术效率的影响因素。因此，本书首先考察了能源与经济增长的关系，其次使用BC（1995）模型对中国的全要素生产率及技术效率进行测算,并分析了技术效率的影响因素。

随着中国能源消费与环境污染对经济增长的影响逐渐增大,我们在研究经济增长时更应该将能源与环境因素考虑进去。

考虑能源与环境因素下的技术效率与全要素生产率变化的评价方法主要有参数法与非参数法。但由于难以获取能源和环境的价格信息,生产函数形式的设定也容易产生偏误,应用参数法有诸多局限。相比之下,基于数据包络分析的非参数方法由于不需要设定生产函数参数形式,并且可以方便地将污染物引入分析框架,近年来,这种方法受到越来越多的学者的青睐。

DEA 的全要素生产率的测算需要先测算其技术效率,技术效率测算的是同一时期上的值,全要素生产率的测算建立在不同时期的技术效率值的基础上,是不同时期技术效率值的组合。随着技术效率测算方法的变化,全要素生产率的测算方法也会相应地发生变化。谢波德产出距离函数(SDF)是较早期的技术效率测度方法,与它对应的全要素生产率测度指标为曼奎斯特生产率指数(M 指数)(Fare 等,1994)。郑京海等(2002)、林毅夫和刘培林(2003)、颜鹏飞和王兵(2004)等是我国比较早使用这一方法分析中国经济增长情况的学者。之后,使用这一方法的学者越来越多,如王兵和颜鹏飞(2006)、郑京海和胡鞍钢(2005)、杨文举(2006)、涂正革和肖耿(2006)、章祥荪和贵斌威(2008)等。

由于没有考虑计算存在"坏"产出(如环境污染)情形下的技术效率,并且存在基于投入或产出的径向选择问题,曼奎斯特生产率指数很难用来分析环境全要素生产率。钟等(1997)提出了基于方向性距离函数(Directional Distance Function)的研究方法,能够同时考虑"好"产出增加和"坏"产出同比例减少,他还进一步提出了曼奎斯特—卢恩伯格生产率指数(Malmquist-Luernberger Productivity Index,

简称 ML 指数），以后被许多研究用来测算环境生产效率。胡鞍钢等（2008）采用该方法使用了中国省际面板数据，考察了包括二氧化硫、化学需氧量、二氧化碳、工业固体废弃物等污染物的环境技术效率并将环境技术效率按省进行了排名，排名靠前的基本位于东部地区。涂正革（2008）只选择了二氧化硫作为环境污染物，同样采用了方向性距离函数法分析了各地区的环境技术效率，并采用了面板 Tobit 模型分析了环境技术效率的影响因素。王兵（2008）选择了二氧化碳作为环境污染物，也采用了基于方向性距离函数的 ML 指数法对亚太经济合作组织的 17 个国家和地区的全要素生产率及其增长率进行了分析。岳书敬和杨富华（2009）采用了包括方向性距离函数法在内的三种方法对中国工业行业的环境技术效率进行了测算，并分析了工业行业环境技术效率的影响因素。杨俊（2009）分析的也是工业行业，但与岳书敬和杨富华（2009）不同的是他选择的环境污染物是二氧化硫。

进一步，托恩（2003）介绍的 SBM 模型和钟等（1997）提出的方向性距离函数都可以将能源与环境因素纳入模型的分析框架。王兵等（2010）基于福山和韦伯（2009）的分析，结合 SBM 模型与方向性距离函数给出了 SBM 方向性距离函数的定义，并使用基于 SBM 方向性距离函数和 L 指数测算了中国区域环境技术效率与环境全要素生产率及其增长率。

全要素生产率测算的 M 指数及其变种 ML 指数的测算形式是比值形式，基于比值形式的测算适合考察指标的变化率，不适合一些"差值"变量的测算，如利润。钱伯斯等（1996）提出了卢恩伯格生产率指数（L 指数），L 指数是基于差值（Difference）定义的全要素生产率测算指数，钱伯斯等（1996）提出的 L 指数只用于研究"好"产出的情形，麦莱仪和金子（2006）、富士等（2009）将 L 指数进行了扩展，在产出中加入了"坏"产出因素，用来测度环境全要素生产率。

本书考虑能源和环境因素下的全要素生产率研究采用 SBM 方向性

距离函数和卢恩伯格生产率指数方法。

基于能源、环境的全要素生产率的研究中污染物的选择有所不同。涂正革（2008）选取二氧化硫作为环境污染物；胡鞍钢等（2008）选取了五个指标作为污染排放指标，包括废水、工业固体废弃物排放总量、化学需氧量、二氧化硫排放量、二氧化碳排放量；曼杰和坎克（2006）选择的环境污染物除了废水、废气、废物排放量之外，还考虑了工业废水中的化学需氧量、六价铬、铅以及工业废气中的二氧化硫、工业烟尘、工业粉尘的污染排放指标；王兵等（2010）、王兵和王丽（2010）选取化学需氧量和二氧化硫作为环境污染物。我们这里关于"坏"产出的选取，一是根据"十一五"规划纲要（2005—2010）提出的"确保到2010年二氧化硫、化学需氧量比2005年削减10%"目标，选择二氧化硫和化学需氧量作为污染物。二是选择各地区二氧化碳排放量作为低碳目标下的"坏"产出，尽管中国目前二氧化碳的排放并未受到管制，但低排放和低碳已成为全社会共同努力的方向。本书考虑能源和环境因素的全要素生产率研究是从增长、环保、低碳、节能四个方面全面地对中国的经济增长绩效进行研究，与已有的考察包含能源和环境的研究不同，本书还特别强调经济增长的低碳目标，全面考察了在控制二氧化碳、二氧化硫、化学需氧量排放下的环境技术效率和环境全要素生产率。

第四节　研究现状评述

一　能源与经济增长研究

能源作为经济增长的投入要素，应该是经济学中重要的研究内容。但是很长一段时间以来，能源并没有受到经济学者研究的重视。这主要是因为能源最早被看作是生产产品的一种原材料，具有"取之不尽，用之不竭"的特征。

但是随着经济的不断增长，特别是 20 世纪 70 年代发生石油危机以来，能源稀缺的现象特别明显，世界上很多国家因能源危机付出了很大的代价。石油危机后，大部分国家制定了相关的能源战略，在国家安全体系内把能源纳入进来了，将能源作为重要的战略资源。因此，将能源纳入经济学分析框架成为学者们研究的重要领域之一，研究主要分理论和实证研究两个方面的内容：

一是理论研究，研究的主要思路是按照经济增长的逻辑分析框架，通过经济学的动态分析，求解经济的平衡增长路径，进一步探究代表能源以及政策的参数对经济增长的影响，包括静态影响、比较静态影响以及动态影响。斯蒂格利茨（1974）比较早地开展在自然资源和人造资源约束下的经济增长的路径选择问题的研究。达斯古普塔和希尔（1979）研究了在不可再生资源约束下经济可持续增长的问题。瓦朗特（2005）通过分析可再生资源、技术进步、经济增长三者之间的关系，得到了技术进步率与资源再生率超过社会贴现率的经济可持续增长的条件。

国内也有学者利用经济增长理论的分析框架，建立了能源与经济增长的理论模型。例如，王海建（1999，2000）基于罗默的 R&D 内生增长模型和卢卡斯的内生人力资本模型，将耗竭性资源纳入生产函数，得到了模型的平衡增长解，探讨了在耗竭性资源可持续利用条件下的政策含义。杨宏林（2004，2006）建立了资源约束下的新古典经济增长模型与卢卡斯内生经济增长模型，探讨了经济可持续发展的条件。杨宏林（2004）又通过应用"干中学"理论的内生经济增长模型分析维持经济可持续增长的条件。彭水军（2005，2006）也在内生人力资本和内生技术进步模型中，研究了经济的可持续增长的条件。总结上面的研究成果，虽然全世界面临着能源危机，但是我们能够通过经济系统中的内生以及外生条件来打破能源约束，从而可以使经济增长达到平衡增长路径的稳态水平。

二是实证研究，能源与经济增长的实证研究主要有两个方向：

第一个方向是通过时间序列数据或面板数据的误差修正模型（VAR）或协整关系来检验能源消费和经济增长之间的因果关系。较早实证研究两者关系的是克拉夫特和克拉夫特（1978），他们利用美国1947—1974年度数据，采用双变量的因果检验方法对两者的关系进行了研究，结果表明存在经济增长到能源消费的单向因果关系；于和金（1992）采用恩格尔—格兰杰二步法，利用美国1974—1990年的季度数据进行两变量的因果检验，结果表明经济增长与能源消费两者之间并不存在长期协整均衡关系，长期经济增长与能源消费间不存在任何方向的因果关系。李（2005）采用的样本数据为1975—2001年18个发展中国家（不包括中国）的年度数据，构造了包括国内生产总值、资本存量和能源消费的三变量模型，使用因果检验与异质面板协整的检验方法（Pedroni，1999），其研究的结论指出，选择的18个发展中国家（不包括中国）不管从长期看还是从短期看都存在单向因果关系，单向是从能源消费到经济增长的单向。根据这些文献可以看出能源消费与经济增长之间的关系因利用的模型不同、国别和地区不同、样本数据不同、参数估计与检验方法不同，所得出的结论也不同。在国内，马超群（2004）、韩智勇等（2004）、林伯强（2003）、徐小斌等（2007）、张琳等（2009）也使用了不同的数据和方法对中国的能源消费与经济增长的关系进行了研究。

第二个方向是考虑能源因素在内的技术效率和全要素生产率的实证研究。技术效率和全要素生产率的实证研究方法主要有随机前沿分析法和数据包络分析法。不考虑能源因素下的全要素生产率研究，关于以上两种方法的文献都非常多，如吴（2003），涂正革、肖耿（2005a，2005b），王志刚等（2006），王争等（2006），傅晓霞和吴利学（2009），颜鹏飞和王兵（2004），郑京海和胡鞍钢（2004），岳书敬和刘朝明（2006），周彩云（2010）等。但考虑能源因素研究全要素生产率的文献很少，且已有的文献基本使用的是随机前沿分析法。查冬兰等（2009）将能源、资本和劳动力视为重要的生产要素投入，利用技术可变的面板随机前沿生产模型，估算了1995—2004年中国省际的全要素生产增长率。贺胜兵等（2011）采用KSS、CSSW、BC、DEA四种模型估计1998—2008年考虑能源投入的省际技术效率，并对估计结果进行比较分析，研究表明，中国省际技术效率总体上呈上升趋势，显示中国地区间的经济增长差距趋于缩小；并且相比较不考虑能源投入的情形，考虑能源投入的省际技术效率估计结果能够更加客观准确地反映各省经济增长的质量。曾文宏（2012）也采用SFA模型对能源约束下中国工业全要素生产率增长率及其分解进行了实证研究，得到了考虑能源约束下中国工业增长效率和全要素生产率的区域特点的一些结论。

二 能源、环境与经济增长研究

从研究内容而言，国内外学者对能源、环境与经济增长关系的研究也遵循理论和实证的研究路线。

（1）理论分析

随着环境问题的日益严重，许多研究开始考虑能源消费的负外部效应，即污染。博芬贝格和斯马尔德斯（1995，1996）在罗默（1986）模型的基础上，考虑了环境要素。阿洪和豪伊特（1998）在新熊彼特模型中引入了污染强度和非再生资源因子，研究了环境与经济可协调发展的条件。斯托凯（1998）基于扩展的"AK"模型，分析了考虑环境污染情况下的经济可持续增长的问题。阿勇（2001）考虑了污染因素的经济增长模型。格里莫达和罗赫（2005）在内生技术进步的分析框架下，研究了环境对经济平衡增长路径的影响。

国内学者利用经济增长理论的分析框架，建立了能源、环境与经济增长的理论模型。如王海建（2000）在卢卡斯的人力资本积累内生经济增长模型中除考虑耗竭性资源外，进一步加入了环境外部性对效用的影响；焦必方（2001）在经济增长中，把环境看作是外生变量，建立了一个基于环保型的内生经济增长模型；于渤等（2006）在 R&D 内生增长模型中同样也考虑了能源资源耗竭和环境治理成本因素；许士春等（2010）也将耗竭性资源和环境污染问题纳入内生经济增长模型的分析中。

（2）实证分析

研究环境与经济增长关系的一个著名的分析工具是环境库兹涅茨曲线（EKC）。环境库兹涅茨曲线是由格罗曼斯和克鲁格（1991）研究《北美自由贸易协定》的环境影响时提出的。之后，基于 EKC 分析方法的实证研究环境污染与经济增长间的倒 U 形假说的文献层出不穷，结论各有不同，有的实证表明是倒 U 形，还有实证显示为 U 形、N 形、单调上升形、单调下降形等各种形态。

还有同时考虑能源、环境与经济增长的实证研究，其方法主要使用的是基于数据包络分析的非参数方法。数据包络分析法用于分析能源、环境与经济增长的研究，主要有两种形式。一是使用钟等（1997）提出的基于方向性距离函数（DDF）和曼奎斯特—卢恩伯格生产率指数（ML 指数）来测算环境技术效率和环境全要素生产率，如涂正革（2008）、王兵（2008）、岳书敬和杨富华（2009）、杨俊（2009）。方向性距离函数在考虑"好"产出增加时，"坏"产出是同比例减少的。现实中"好"产出和"坏"产出并不一定同比例变化，基于 SBM 方向性距离函数则不要求"好""坏"产出同比例变化，这是另一种形式的测算工具，即使用 SBM 方向性距离函数和卢恩伯格生产率指数来测算环境技术效率和环境全要素生产率，如王兵等（2010）。

三 简要评述

随着对能源、环境与经济增长的大量研究，人们普遍认识到能源环境因素对经济增长的重要性。能源作为生产要素，投入到经济增长的过程中，同时，由能源消费引起的环境污染也不断增加，这样就形成了以能源—环境—经济增长为路径的复杂系统。在可持续发展的背景下，研究能源、环境与经济增长问题是很有意义的。能源、环境与经济增长间到底是什么样的关系；讨论经济增长问题时，能源环境该摆在什么样的位置；政府在实现经济可持续发展时，在能源环境方面应该制定什么样的政策以实现三者的协调发展等都是值得探讨的问题。

对于能源与经济增长的研究，有些只研究了能源与经济增长的因果关系，例如，张琳等（2009）研究了中国中部6省区的能源消费与经济增长之间的关系。有些只是简单地把能源消费看作新的投入要素加入到生产函数当中，以此来考察其在经济可持续增长中所发挥的作用，例如，查冬兰等（2009）直接在生产函数中将能源要素考虑进来，估算了1995—2004年中国省际全要素生产率增长率。而本书认为首先应该分析能源与经济增长的因果关系，如果存在因果关系，这时应该在生产函数中考虑能源要素，这样的研究思路更具系统性和完整性。

现有的考虑能源因素下的中国经济增长的研究文献，只研究了技术效率的具体数值，而本书认为，不仅要研究各地区技术效率的高低，还要研究技术效率的影响因素。另外，在中国，地区间的差异十分巨大，研究能源与经济增长时，不仅仅要考虑全国的情况，还要注重区域的差异特征。

考虑能源和环境因素下的经济增长研究，选择什么样的污染物更合适呢？涂正革（2008）选择的是二氧化硫，王兵等（2010）、王兵和王丽（2012）选择的是化学需氧量和二氧化硫。我们认为污染物的选取既要考虑中国生态环境保护纲要提出的目标，又要结合中国的低碳发展目标。因此，本书考察了在控制二氧化碳、二氧化硫、化学需氧量排放下的区域经济增长研究。

第五节　本章小结

本章遵循从理论到实证的分析路径。理论上，首先回顾了从哈罗德—多马开始的经济增长理论到新经济增长理论，其次，综述能源环境约束下的经济增长理论。经验研究方面，重点介绍了研究资源、环境与经济增长的全要素生产率和生产效率方法；并且概括了包括能源环境在内的中国全要素生产率的经验研究文献。最后对现在的文献进行了评述，分析了已有研究的不足和本书研究的必要性。

能源环境与经济增长的衡量指标有很多种，本书使用的是全要素生产率（包括技术效率）的方法来衡量。技术效率可以反映现有技术的发挥程度，全要素生产率为产出扣除投入后的"剩余"，衡量的是一国经济增长的质量以及技术进步等水平。对全要素生产率进行分解，可以计算出经济增长中各要素的贡献程度，以分析一国经济增长的方式。

对于考虑资源环境因素下的经济增长理论模型大部分是基于内生经济增长模型建立起来的，有人力资本模型、"干中学"模型以及R&D模型。这些模型的研究结论为政府制定经济政策指明了方向，提供了依据。

技术效率和全要素生产率的测度方法也有很多，本章重点介绍了随机前沿分析法和数据包络分析法两种。随机前沿分析法与数据包络分析法各有优势和不足，应用时要根据实际问题选择合适的方法。在国内，不考虑能源环境影响下应用这两种方法研究中国全要素生产率的研究文献比较多，考虑能源与环境影响后的中国全要素生产率的研究文献比较少，并且是最近几年才开始的。正基于此，本书试图采用更新的方法结合能源与环境因素来研究中国的全要素生产率，希望能有新的发现，从而为中国的经济能更"多快好省"地发展提供一些政策建议。

第三章 中国能源资源的现状分析

1978年以来,中国经济实现了快速发展,人民生活水平也得到了很大的提高。但是,中国经济的高速增长伴随着大量能源投入带来的严重的环境污染,经济与能源、环境污染的矛盾越来越明显。本章主要利用最新的统计数据来分析和展现中国能源的现状和趋势。本章首先对中国能源资源的储量以及能源消费等特点进行了分析,随后对能源利用效率和能源消费弹性系数的变化趋势及其动因进行了分析,最后对能源供需缺口的原因进行了简要阐述。

第一节 自然资源与能源的界定

一 自然资源及其分类

自然资源按照传统的分类方法分为可耗竭资源(不可再生资源)和不可耗竭资源(可再生资源)(如图3-1所示),其中可耗竭资源又分为两种:一种是使用后就消耗掉的不可回收资源,如石油、天然气等能源矿产资源;另一种是可循环使用的可回收资源,如铁铝等金属资源。而可再生资源包括非临界性资源与临界性资源,非临界性资源指不会因人们的大量使用而耗竭的资源。长远来看,这种资源是取之不尽的,比如风能、太阳能等;临界性资源,顾名思义,指当一种能源使用或消耗超过能源的再生能力时,这种能源就会由原来的流动性资源变为储存性资源,比如土壤和生物质资源等。

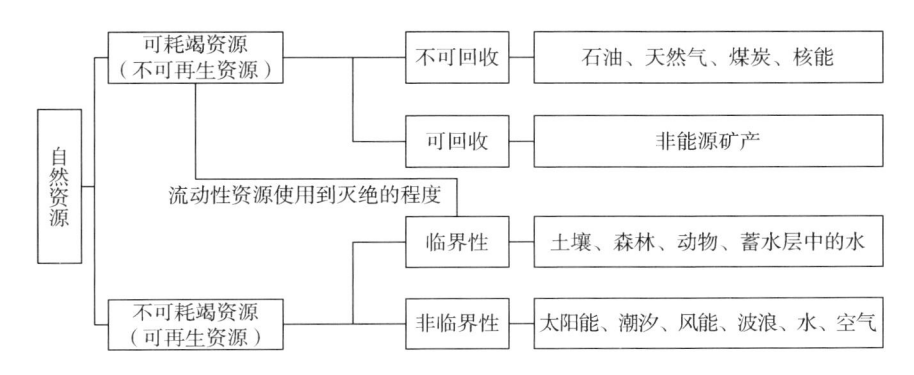

```
                    ┌─ 可耗竭资源   ┌─ 不可回收 ── 石油、天然气、煤炭、核能
                    │  (不可再生资源)│
自然资源 ┤                           └─ 可回收 ──── 非能源矿产
                    │    流动性资源使用到灭绝的程度
                    │              ┌─ 临界性 ──── 土壤、森林、动物、蓄水层中的水
                    └─ 不可耗竭资源 ┤
                       (可再生资源) └─ 非临界性 ── 太阳能、潮汐、风能、波浪、水、空气
```

图 3-1　自然资源的分类及其转换

资料来源:转引自梁进社、王红瑞、王天龙《中国经济社会发展的资源瓶颈与环境约束》,《经济研究参考》2011 年第 1 期。

二　能源及其分类

能源的全称是"能量资源",指能获得各种能量形式的所有自然资源。能源是发展工业、农业、国防、科学技术以及改善人民生活所必不可少的燃料和动力来源,它是人类赖以生存的重要物质基础。

按照不同的分类标准,能源可以分成不同的类别。按照使用方式来分,能源可以分为一次能源和二次能源。一次能源指可以获得直接能量的能源,二次能源指由一次能源经加工处理转换成另一形式的能源。进一步地,一次能源又可以继续细分为可再生能源和不可再生能源。可再生能源指的是能够在一段时间内按照某种规律重新形成的能源,以太阳能为代表;不可再生能源指的是经过上亿万年形成的能源,并且在短时间内很难恢复的能源,主要以化石能源为代表。不可再生能源的储量是有限的,开采一点,不可再生能源的数量就会减少一点,直至耗竭。能源还可分为燃料能源和非燃料能源，燃料能源包括矿物、生物、化工以及核燃料四种，水能、风能等机械能属于非燃料能源。从生产技术的角度来分，能源可分成常规能源与新能源。煤、石油、天然气等化石能源属常规能源，太阳能、风能属于新能源。根据能源在使用过程中是否会对环境产生污染，能源又可以分为污染能源与清洁能源。化石类能源属于污染能源。

三　能源的利用历史

能源对人类的生产和生活非常重要，是人类生产和发展的重要物质基础。从原始社会到现今，人类对能源的利用大致经历了四个阶段，薪柴阶段，煤炭为主和柴草为辅阶段，石油、天然气和煤炭阶段，从现在开始的新能源时代。

1. 薪柴阶段

自然界的植物燃料，尤其是木材从刀耕火种的年代开始就作为能源用于金属冶炼、陶瓷烧制、取暖、照明等方面。这一阶段，在世界能源消费的比重中，植物秸秆和薪柴占据能源总消费量的大部分。以后，人们才逐渐开始利用风力和水力等自然现象的力量从事生活和生产活动。

2. 煤炭为主和柴草为辅阶段

瓦特发明蒸汽机，使人类完成了历史上第一次热能向机械能的转变。蒸汽机大量使用燃料促使人类去寻找和使用发热量高、使用更加方便的煤炭作为动力，开创了人类"蒸汽机时代"，也被称为第一次工业革命。"蒸汽机时代"标志着以煤炭为主要能量来源的机械化时代的到来。到20世纪初，世界能源消费比重中，煤炭所占的比重已经超过世界能源消费总量的一半，薪柴比重明显降低。

3. 石油、天然气和煤炭阶段

20世纪60年代开始，随着人类对石油和天然气能源认识的逐渐加深，石油和天然气在世界能源消费的比重逐渐提高，人类进入了石油、天然气和煤炭为主的能源消费阶段。迄今为止，煤炭、石油、天然气仍然是世界各国主要使用的能源。由于各国的资源禀赋和获取能源渠道的不同，三类能源中，各国能源的消费结构有比较大的差异。大致来讲，发达国家主要依赖石油和天然气，而中国则主要以煤炭为主。

4. 从现在开始的新能源时代

随着人类对石油、天然气和煤炭资源需求的不断增加以及这些能源的不可再生性，传统化石能源的资源短缺问题越来越明显。与此同时，人类也意识到传统化石类能源的使用产生的污染排放会破坏全球的生存环境。这些都促进人类去寻找新的、可持续的清洁替代能源。目前，核能、风电、太阳能等新能源是重点发展的方向。

第二节　中国能源资源概况

一　中国能源资源储量

中国是一个能源资源储量较为丰富的国家。据《BP世界能源统计2011》提供的资料显示，截至2010年年底，中国煤炭已探明储量为1145亿吨，占世界总储量的13.3%，位居美国和俄罗斯之后，排名世界第三；已探明的石油储量为148亿桶，占世界总储量的1.1%。表3-1为中国化石能源探明储量及构成情况。

表 3-1　　中国化石能源探明储量及构成（截至 2010 年年底）

中国	已探明储量	占世界比重（%）	储采比（%）	世界	已探明储量	储采比（%）
煤炭	114500Mt	13.3	35	煤炭	860938Mt	118
石油	2000Mt	1.1	9.9	石油	188800Mt	46.2
天然气	2.80Tcm	1.5	29	天然气	187.1Tcm	58.6

注：Mt 为百万吨；Tcm 为万亿立方米。
资料来源：《BP 世界能源统计报告 2011》。

从中国能源总储量来看，中国能源储量较为丰富，以煤炭、石油、天然气为主的能源储量巨大。从能源储量的构成来看，中国呈现出煤多、油少、气贫的资源禀赋分布特征，煤炭在已探明的化石能源储量中约占 82.0%。在世界总储量中，中国煤炭资源储量大致占 13.3%，石油和天然气各占 1.1% 和 1.5%。并且，因为中国能源需求量保持快速增长的趋势，多年来中国能源资源储采比远远落后于世界平均水平。到 2010 年年底，中国煤炭资源储采比仅为 35%，而世界平均水平是 118%，远远低于世界的平均储采比水平，比美国的 241% 和俄罗斯的 495% 更低。中国煤炭资源的储采比远远低于世界平均水平，而中国的石油和天然气资源的储采比又远远低于煤炭资源的储采比。

另外，虽然中国能源总储量丰富，但人均能源占有率低。截至 2008 年年底，中国煤炭探明储量为 1145 亿吨，占世界煤炭探明储量的 13.86%，人均煤炭探明储量为 84.61 吨，约为世界平均水平的 70%；石油探明储量达 148.3 亿桶，占世界石油探明储量的 1.11%，但人均石油探明储量仅为 11 桶，为世界平均水平的 5.61%；天然气探明储量达 2.46 万亿立方米，占世界天然气探明储量的 1.31%，人均天然气探明储量仅为 0.18 万立方米，是世界平均水平的 6.61%。

二　中国能源的生产概况

1990—2010 年中国一次能源生产总量及构成见表 3-2。

表 3-2　　　　1990—2010 年中国一次能源生产总量及构成

年份	一次能源生产总量（万吨标准煤）	煤炭	石油	天然气	水电、核电、风电
		占一次能源生产总量的比重（%）			
1990	103922	74.2	19.0	2.0	4.8
1991	104844	74.1	19.2	2.0	4.7
1992	107256	74.3	18.9	2.0	4.8
1993	111059	74.0	18.7	2.0	5.3
1994	118729	74.6	17.6	1.9	5.9
1995	129034	75.3	16.6	1.9	6.2
1996	133032	75.0	16.9	2.0	6.1
1997	133460	74.3	17.2	2.1	6.5
1998	129834	73.3	17.7	2.2	6.8
1999	131935	73.9	17.3	2.5	6.3
2000	135048	73.2	17.2	2.7	6.9
2001	143875	73.0	16.3	2.8	7.9
2002	150656	73.5	15.8	2.9	7.8
2003	171906	76.2	14.1	2.7	7.0
2004	196648	77.1	12.8	2.8	7.3
2005	216219	77.6	12.0	3.0	7.4
2006	232167	77.8	11.3	3.4	7.5
2007	247279	77.7	10.8	3.7	7.8
2008	260552	76.8	10.5	4.1	8.6
2009	274619	77.3	9.9	4.1	8.7
2010	296916	76.5	9.8	4.3	9.4

资料来源：《中国统计年鉴 2011》。

由表 3-2 可以看出，中国能源生产大体可分为三个阶段：首先是一次能源生产缓缓上升的阶段，主要在 1997 年以前；然后是 1998 至 2000 年能源生产呈微微下降的阶段，这段时间对应的经济增长速度也相对较平缓；最后是 2000 年以来，能源生产明显增强的阶段，2010 年中国能源产量是 2000 年的近 2.2 倍，成为世界上最大的能源生产国。

从能源生产的构成来看,一直以来,煤炭资源在一次能源生产中所占的主导地位没有发生根本性变化,维持在75%左右。虽然在2001年其比例下降到最低,为73%,但近年来,随着国际原油市场的大幅波动,在经济快速增长的巨大能源需求拉动下,煤炭资源在一次能源生产中的比重又开始呈上升趋势。2010年,中国煤炭产量全球最高,占到世界总产量的48.3%,美国其次,澳大利亚第三,中国是美国的3.26倍,是澳大利亚的7.67倍。原油生产比例正逐步下降,已由1990年的19%下降至2010年的9.8%,这可能与中国各油田可以开采的石油的数量在不断减少有关。从整个时间趋势来看,中国水电与天然气生产在能源生产结构中所占比例呈不断上升的趋势,这说明中国的能源生产结构在向清洁能源方向发展,只是能源结构调整的步伐比较缓慢。

通过上面的分析我们可以看出,中国的能源生产结构还将以煤炭为主,虽然也在向可再生能源、清洁能源、新能源方向发展,但预计未来很长的一段时间内,煤炭仍将是中国最大的能源资源。

三 中国能源的消费概况

1. 能源的消费总量特征

1990—2010 年中国一次能源消费总量和构成见表 3-3。

表 3-3　　1990—2010 年中国一次能源消费总量和构成

年份	一次能源消费总量（万吨标准煤）	占一次能源消费总量的比重（%）			
		煤炭	石油	天然气	水电、核电、风电
1990	98703	76.2	16.6	2.1	5.1
1991	103783	76.1	17.1	2.0	4.8
1992	109170	75.7	17.5	1.9	4.9

续表

年份	一次能源消费总量（万吨标准煤）	占一次能源消费总量的比重（%）			
		煤炭	石油	天然气	水电、核电、风电
1993	115993	74.7	18.2	1.9	5.2
1994	122737	75.0	17.4	1.9	5.7
1995	131176	74.6	17.5	1.8	6.1
1996	135192	73.5	18.7	1.8	6.0
1997	135909	71.4	20.4	1.8	6.4
1998	136184	70.9	20.8	1.8	6.5
1999	140569	70.6	21.5	2.0	5.9
2000	145531	69.2	22.2	2.2	6.4
2001	150406	68.3	21.8	2.4	7.5
2002	159431	68.0	22.3	2.4	7.3
2003	183792	69.8	21.2	2.5	6.5
2004	213456	69.5	21.3	2.5	6.7
2005	235997	70.8	19.8	2.6	6.8
2006	258676	71.1	19.3	2.9	6.7
2007	280508	71.1	18.8	3.3	6.8
2008	291448	70.3	18.3	3.7	7.7
2009	306647	70.4	17.9	3.9	7.8
2010	324939	68.0	19.0	4.4	8.6

资料来源：《中国统计年鉴 2011》。

1990—2010年，中国一次能源消费总量整体呈上升趋势。从1990年的98703万吨标准煤增加到了2010年的324939万吨标准煤，增加了近2.3倍。中国各经济发展时期的能源消费年平均增长率分别为："八五"时期为5.9%，"九五"时期为2.1%，"十五"时期为10.1%，"十一五"时期为6.6%。2010年，中国一次能源消费总量占全球能源消费的20.3%，赶超美国成为世界最大能源消费国，并且中国也是世界能源消费增长最快的国家之一。

随着中国工业化进程的加快，中国的能源消费高速增长。中国能源消费总量同中国的工业化所处的阶段紧密相关,在工业化初期,我们以巨大的能源消费来推动经济的发展,所以在此期间,能源的消耗量保持较高的增长速度。由于靠能源拉动的经济增长模式是不可持续的,在转入工业化的中期后,经济结构经过了调整,一次能源的消费结构也同时进行了调整,此时,能源消费量的增速开始减缓。近十年来,随着中国工业发展的深化和市场需求的旺盛,能源消费又快速增长。

2. 能源的消费结构特征

图3-2显示的是1990—2010年中国一次能源的消费结构变化。从该图可以看出:(1)煤炭在一次能源消费总量中一直占据最大的比重。除了2000—2004年和2010年,煤炭消费比重略低于70%外,其他年份煤炭消费比重都维持在70%以上,中国以煤炭为主的能源消费结构与中国的能源禀赋和能源生产结构有关。(2)石油消费所占比例一直在20%上下波动。2004年以前,石油消费所占比例小幅上升。2005年后,石油消费所占比重微微下降,均低于20%的水平,这与石油资源供应紧张及油价上涨有关。(3)天然气、水电、核电、风电等能源消费所占比重逐步提高,呈上升趋势。天然气消费比重2010年已达到4.4%;水电、风电、核电消费比重由1990年的5.1%提升至2010年的8.6%。

总体来看,能源资源的禀赋条件和能源的生产结构决定了中国能源的消费结构,根据中国煤炭多、油气少的能源资源禀赋特点,在未来的一段时间内,中国的能源消费结构都将以煤炭为主,油气所占比例将会降低,水电与核电的比重有增加的可能性。因而,能源消费结构将由现在的以煤炭为主的单一消费结构逐渐向煤炭、天然气、石油、风能、太阳能、水电、核电等方向发展,能源消费结构得到不断的优化。

图3-3显示的是2010年世界主要国家一次能源消费构成情况。从图3-3可以看出:(1)除俄罗斯、中国以及印度三国石油消费所

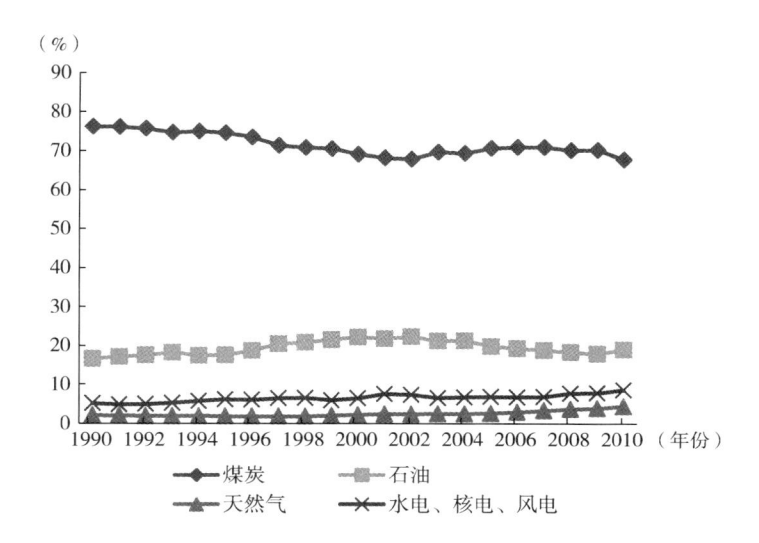

图 3–2　1990—2010 年中国一次能源的消费结构变化

资料来源：历年《中国统计年鉴》。

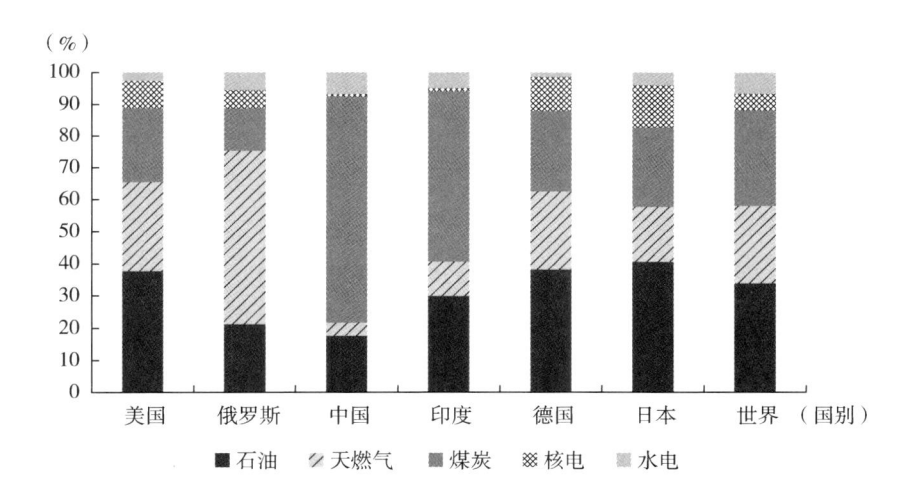

图 3–3　2010 年世界主要国家一次能源消费构成

资料来源：《BP 世界能源统计　2011》。

占比例较低外，大部分发达国家的石油消费所占比例都超过了 30%。2010 年中国石油消费占一次能源总消费的比例为 19%，而世界的平均水平为34.01%，与世界平均水平相差较大。（2）在这些国家中，中国和印度煤炭消费所占比例最高。2010年，煤炭消费总量占能源消费的比重的世界平均水平为30.2%，发达资本主义国家如美国、德国、日本的值都要低于世界平均水平，分别为：23.35%，25.42%，24.94%，而同为发展中国家的中国和印度，这一指标要远超世界平均水平，分别为68%和53.47%，这一现象是由这两个国家石油资源储量过低，而煤炭资源相对充裕所造成的。在中国，由于技术的限制，煤炭能源的利用率过低，在消耗巨大煤炭资源的同时，肯定会带来资源的巨大浪费和对环境的巨大冲击。（3）中国在天然气、水电、核电等清洁能源的使用方面与世界平均水平差距较大。2010年世界天然气和核电消费的平均比重为24.13%和5.29%，而中国仅为4.4%和0.69%；中国的水电消费比重为7.73%，高出世界平均水平的6.54%。总体来看，与其他国家相比，能源消费结构中，中国的煤炭消费量较多，天然气、水电、核电等清洁能源使用较少。

四 中国能源的供需缺口

图3-4为中国1990—2010年中国能源生产和消费总量变化。从图3-4可以看出，近年来，中国能源生产和消费总量均快速增长，但消费量大于生产量，供需出现明显缺口。

表3-4为1990—2010年中国能源总量、煤炭、石油产销差及自给率的变化。从表3-4可以看出，改革开放以来，中国能源消费总量高于能源生产总量。1992年，我国就开始出现0.19亿吨标准煤的能源缺口，到2010年，这个缺口已经超过2.80亿吨标准煤，能源的自给率也逐年下降，20世纪90年代自给率能够达到约105%，而随着能源消费的强劲增长，到2010年，自给率降到约91%，能源安全问题逐渐显现。中国能源结构非常不平衡，由于蕴藏丰富，煤炭资源的自给率

（万吨标准煤）

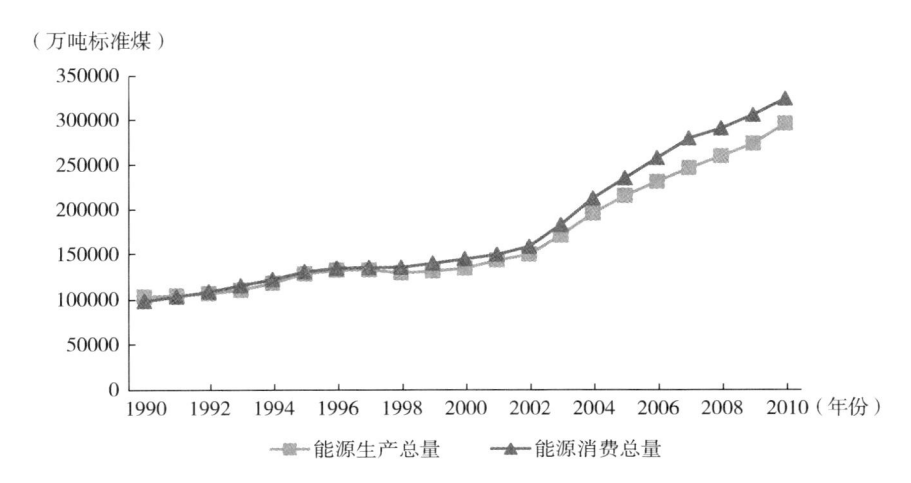

图 3-4　1990—2010 年中国能源生产和消费总量变化

和产销差基本保持稳定；而石油资源蕴藏有限，对石油资源的需求逐年提高，导致石油的产销差已经锐减到 47%，这一数值在 20 世纪 90 年代初为 121%，石油的对外依存度惊人。

表 3-4　1990—2010 年中国能源总量、煤炭、石油产销差及自给率的变化

年份	产销差（万吨标准煤）			自给率（%）		
	能源	煤炭	石油	能源	煤炭	石油
1990	5219	1898.438	3360.482	1.052876	1.025241	1.205099
1991	1061	-1289.46	2383.155	1.010223	0.983673	1.134286
1992	-1914	-2950.48	1166.634	0.982468	0.964298	1.061065
1993	-4934	-4463.11	-342.693	0.957463	0.948491	0.983767
1994	-4008	-3480.92	-459.934	0.967345	0.962186	0.978464
1995	-2142	-694.694	-1536.16	0.983671	0.992901	0.933082
1996	-2160	407.88	-2798.5	0.984023	1.004105	0.889304
1997	-2449	2121.754	-4770.32	0.981981	1.021865	0.827944
1998	-6350	-1386.13	-5345.65	0.953372	0.985644	0.811283
1999	-8634	-1741.75	-7397.58	0.938578	0.982449	0.755228
2000	-10483	-1852.32	-9079.63	0.927967	0.981607	0.718966

续表

年份	产销差（万吨标准煤）			自给率（%）		
	能源	煤炭	石油	能源	煤炭	石油
2001	-6531	2301.452	-9336.88	0.956578	1.022404	0.715239
2002	-8775	2319.08	-11749.5	0.944961	1.021391	0.669524
2003	-11886	2705.556	-14725.2	0.935329	1.02109	0.622082
2004	-16808	3263.688	-20295.2	0.921258	1.022	0.55362
2005	-19778	700.068	-20781.1	0.916194	1.00419	0.555269
2006	-26509	-3292.71	-23689.6	0.89752	0.982097	0.525491
2007	-33229	-7305.4	-26029.4	0.88154	0.963371	0.506417
2008	-30896	-4784.01	-25977	0.893991	0.976651	0.512946
2009	-32028	-3599	-27702.5	0.895554	0.983329	0.495306
2010	-28023	6182.22	-32640.6	0.913759	1.027979	0.471307

资料来源：《中国统计年鉴 2011》。

由于中国的石油资源并不丰富，而迅猛的经济发展导致了石油的需求量一直高速增长，国内的石油产量总有一天会满足不了国内的需求，而这一天在1993年便成为现实，从1993年开始，我国成为石油净进口国，并且石油进口量每年都以很高的速度增长。表3-5显示了2002—2009年中国、美国和日本的石油净进口量的变化趋势。从该表可以看出中国石油进口量逐年递增，2009年中国石油净进口量为218.14百万吨标准油，超过日本，位居美国之后，排名世界第二。

表3-5　　　　2002—2009年中国、美国和日本的石油净进口量

单位：百万吨标准油

年份 国家	2002	2003	2004	2005	2006	2007	2008	2009
中国	79.80	106.16	148.29	143.52	168.56	183.83	200.59	218.14
美国	557.94	594.72	641.07	659.40	652.14	634.42	589.67	516.05
日本	259.08	260.62	256.84	257.88	244.89	240.08	224.82	205.67

资料来源：《中国能源统计年鉴 2011》。

随着中国经济的不断增长和快速的城镇化建设，对能源的需求量必定会持续增长，专家指出：中国正处于重工业发展阶段，重工业的发展需要消耗巨大的能源，由此必将导致能源的缺口越来越大，能源供需矛盾更加严重（相震，2009）。

五　能源的区域分布特征

中国能源的分布极不均衡，总体呈现西多东少、北多南少，与经济发展呈逆向分布的格局。煤炭、石油、天然气及可再生资源具体分布如下：

煤炭分布的总格局是西多东少、北富南贫，集中分布在目前经济还不发达、工业化程度不高的山西、陕西、内蒙古、新疆、宁夏、贵州等行政区域。煤炭资源分布区域与煤炭消费区域存在空间错位现象，煤炭资源的开采基地同煤炭资源的消费区域在地理位置上相距甚远。中国有限的石油资源分布广泛，全国80%的石油储量分布在松辽平原、鄂尔多斯、塔里木盆地、准噶尔盆地、珠江口、柴达木盆地、渤海湾和东海大陆架盆地。同样作为化石能源的天然气资源在地理上靠近石油储藏地，主要分布在四川、松辽平原、塔里木盆地、鄂尔多斯、东海大陆架、柴达木盆地、海南东南、莺歌海、渤海湾等地。风能资源的开发利用主要分布在我国东北、西北、华北区域以及东南沿海区域及附近的岛屿，北部200公里宽的地带风能丰富，也正在加以利用。海岸线沿岸风能蕴藏也非常丰富，距离海岸线10公里以内的区域都能对风能进行很好的利用，在建和已经建设的风电机组主要分布在山东、江苏、上海、浙江、福建等八省市。中国具有世界排名第一的水能资源，水能资源70%分布在西部地区，蕴藏量丰富的水系主要为：长江、黄河、雅鲁藏布江以及珠江。到现在为止，对水能资源的开发利用主要集中在南部区域，在建和已经建设完成的水电机组主要位于长江、黄河以及珠江上游区域。

总体来看，中国的能源禀赋主要集中在经济不发达的西北地区，而能源消费地区主要集中在东南沿海地区，存在能源禀赋与能源消费空间错位现象，从而形成了国内大规模、长距离的北煤南运、北油南运、西气东输、西电东送的基本格局。

六　可再生能源

可再生能源是指经利用消耗后可以不断得到补充、"再生"的能源。可再生能源主要有太阳能、水能、风能、地热能、生物质能、海洋能、潮汐能等。可再生能源与传统化石能源相比有其优越性，首先是，可再生能源燃烧产生的污染较低，而化石能源燃烧会产生大量的环境污染物，如煤燃烧排放的二氧化碳是导致气候变化的主要原因；其次，可再生能源是可以不断地得到补充的，而化石能源不能及时得到补充、恢复，有研究表明，开采成本较低的化石燃料储量将在 21 世纪后期耗尽。因此，无论是从环境看还是从资源本身角度看，都显现了可再生能源的重要性，可再生能源的开发和利用受到越来越多的国家的重视。

从 20 世纪 70 年代初的世界石油危机以来，发达国家开始系统地开发和利用非水电可再生能源以及新能源。石油危机后，可再生能源因油价暴涨具有很强的吸引力，各国政府开始重视可再生能源，从能源供应保障出发，各国制定了相应的能源战略，开始大力发展新能源和可再生能源。80 年代第二次全球环境浪潮的出现，尤其是对可能导致气候变化的化石燃料燃烧排放的二氧化碳的关注，进一步推动了可再生能源的发展。

2000 年以后，很多国家高度重视可再生能源的发展，并把可再生能源作为国家能源发展的主要战略。世界上最早关注可再生能源的是欧盟。大力发展可再生能源，成为各国解决能源危机和保护环境的主要手段。欧盟承诺，到2020年，将使可再生能源占欧盟总的能源消费量的比例提高到20%，用以减少温室气体排放，承诺的内容还包括确保液体生物燃料所占比重达到10%。瑞典和奥地利等国提出了更高的发展目标。到2030年，美国20%的电力需求将由风电提供，车用燃料消耗量的30%以上将由生物液体燃料供应。

与其他国家一样，中国可再生能源也得到了快速的发展，发展成果令人瞩目。2009年，中国可再生能源年利用量占一次能源消费总量的约8.34%，达2.6亿吨标准煤。根据2009年的统计数据，我国的风电产业规模发展迅速，总装机容量（2730万千瓦）排名世界第三，新增加的容量排名世界第一位；水电容量（1.97亿千瓦）排名世界第一；太阳能光伏电池以及太阳能热水器的产量占据全球40%的市场份额，位居世界第一，2009年太阳能电池产量达到4011兆瓦，正在使用的利用太阳能加热的热水器超过1.45亿平方米，与1998年的0.15亿平方米相比有近10倍的提高。相比较传统的水电、风电、太阳能，大力发展的新能源中燃料能源的发展也取得了很大的进步，2009年新建设的生物沼气工程达到5.69万处，新建了3507.03万处生物沼气池，这将生物沼气的生产能力提高到了124.08亿立方米。利用生物质发电的机组容量也达到了412万千瓦。在生物燃料方面，乙醇以及非粮燃料乙醇的产量也得到了提高，分别达到了171.2万吨和16.2万吨。乙醇汽油的消费量也达到了全国汽油消费量的25%（韩方，2010）。

2008年出版的《中国可再生能源发展战略研究丛书·综合卷》显示，到2050年中国可再生能源资源潜力汇总可达55.7亿千瓦，2020年、2030年、2050年我国可再生能源利用总量分别达到6.2亿吨、10亿吨、17亿吨标准煤。其中水电在这三年的装机容量可望分别达到3亿千瓦、4亿千瓦和4.5亿—5亿千瓦，是2030年前可再生能源发展的重点；非水可再生能源在这三年的装机容量可望分别达到2亿、4亿、8亿吨标准煤。这可以看出，可再生能源在中国的发展战略地位将逐步提升，由现在的补充能源逐步提升为替代能源甚至是主导能源之一。

第三节 能源的利用效率与能源消费弹性

一 能源的利用效率

1. 现状分析

我们采用单位 GDP 的能源消费量（简称单位 GDP 能耗）作为能源利用效率的衡量指标。单位 GDP 能耗越高，能源利用效率就越低；单位 GDP 能耗越低，能源利用效率就越高。

图 3-5 为 1990—2010 年中国单位 GDP 能耗变化趋势图，1990 年至 2002 年，单位 GDP 能耗一直处于下降的状态。2002 年以后，随着中国经济的快速发展，受房地产行业发展的带动，以及对大型重工业投资的加速，单位 GDP 能耗在 2003 年至 2005 年持续上升，从 2.81 吨标准煤/万元增长到 2.94 吨标准煤/万元，此后逐渐降低，2010 年降到 2.38 吨标准煤/万元。

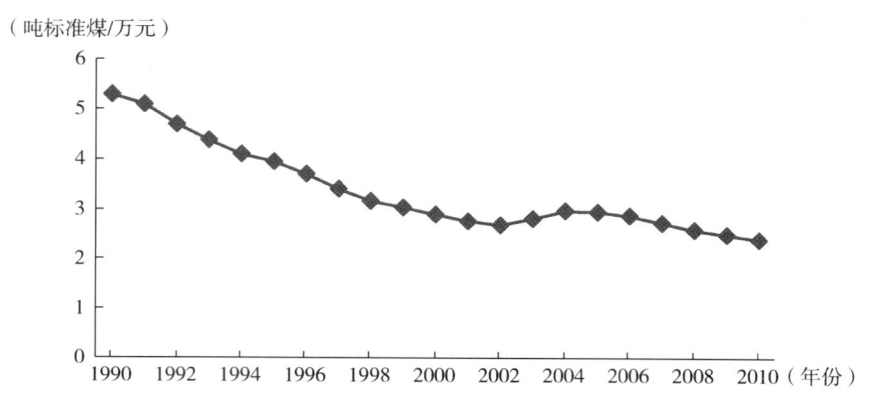

图 3-5 1990—2010 年中国单位 GDP 能耗变化趋势（1990 年不变价）

资料来源：根据历年《中国统计年鉴》相关数据计算整理得到。

我们给出 1990—2010 年中国能源利用效率先上升后缓慢下降后又提高的趋势的解释：1990—2002 年，外商投资的大量增加给中国带来了明显的技术溢出效应，这有利于中国能源利用效率的提高；另外，中国能源利用效率的提高也得益于改革开放后中国以经济建设为中心的经济政策以及生产技术和生产设备的不断改进。2002—2005 年，伴随着房地产和大型重工业投资的迅速发展，中国能源利用效率出现了缓慢的下降。2005—2010 年，随着"十一五"规划的实施，中国继续在经济发展过程中注意资源的节约，淘汰落后的产能设备，生产技术和生产工艺设备不断升级，从而大幅提高了能源利用效率。

2. 国际比较

我们将中国的能源利用效率与部分其他国家进行比较分析，主要采用综合衡量和分产品衡量两种方法来比较。

（1）综合衡量法

进行综合衡量时，能源利用效率的主要衡量指标采用的是单位 GDP 能耗。表 3-6 是按国际货币基金组织公布的平均汇率换算出来的一些主要国家单位 GDP 能耗。

表 3-6　　按平均汇率计算出的一些主要国家 GDP 能耗

单位：万吨油当量/亿美元

国家＼年份	2000	2001	2002	2003	2004	2005	2006	2007	2008
美国	2.35	2.22	2.18	2.09	2.00	1.88	1.76	1.71	1.62
日本	1.10	1.25	1.30	1.20	1.13	1.15	1.18	1.17	1.02
英国	1.55	1.57	1.40	1.23	1.05	1.01	0.94	0.78	0.80
德国	1.73	1.77	1.63	1.36	1.20	1.16	1.13	0.94	0.85
法国	1.91	1.92	1.75	1.44	1.27	1.22	1.15	0.99	0.90
意大利	1.59	1.57	1.43	1.19	1.06	1.04	0.98	0.85	0.77
中国	8.11	7.60	7.28	7.46	7.38	7.04	6.42	5.67	4.63
印度	6.29	6.13	6.11	5.19	4.99	4.48	4.19	3.60	3.56

续表

年份 国家	2000	2001	2002	2003	2004	2005	2006	2007	2008
巴西	3.04	3.53	3.96	3.63	3.13	2.43	1.87	1.64	1.42
南非	8.12	9.00	9.96	7.00	5.68	4.95	4.82	4.58	4.78

资料来源：《2010年世界新兴产业发展报告》，中国网，http://www.China.com.cn/economic/txt/2010-11/12/content-21331253.htm，2010年11月12日。

从表3-6可以看出，现阶段中国仍是世界上单位GDP能源消费最高的国家之一。虽然2000年以来，中国节能工作取得很大成效，但是中国的能源消费强度仍然高于先进国家的几倍甚至十几倍。2008年，中国单位GDP能耗为4.63万吨油当量/亿美元，虽比2000年的8.11万吨油当量/亿美元下降了42.9%，但仍明显高于发达国家水平，是美国的2.9倍，是日本的4.5倍，远远高于英国、德国、法国、意大利。中国单位GDP能耗与南非大体一致，比印度高，是巴西的3.26倍。

这里我们使用的是汇率作为GDP转换因子，汇率作为GDP转换因子并不是十分理想。这主要是因为GDP中还包含不能够进行贸易的商品和服务，这部分商品和服务由于没有参与国外的经济活动，不会对汇率造成影响，所以如果以汇率作为GDP的转换因子，那么GDP中只考虑到可进行贸易的商品和服务。理论上来说，汇率主要由外贸出口交易中的资金流来决定，但国际市场上操纵利率的行为时有发生，这些行为主要是变现，是外汇的投机行为，有些政府为了国内经济的稳定运行，会主动出手干预汇率，这些因素都将导致汇率的波动幅度加大，从而会对比较的结果造成影响。正是由于综合衡量方法存在上述缺陷，我们下面结合分产品衡量方法来做国际比较。

（2）分产品衡量法

之所以选择分产品指标，主要原因是获取的信息有限，对主要产品进行全面的考量有较大的难度，下面分析的衡量指标为部分能耗比较高的产品的单位能耗。20世纪90年代以来，中国通过提高管理水平，加大生产设备的科技投入，利用新技术，推广新工艺，这些措施大幅度地降低了高耗能产品的单位能耗，与国际先进水平的差距在逐渐缩小。但是，从表3-7我们可以看出，虽然能耗有所降低，但与国外比，依然有10%以上的明显差距。2007年，中国每吨钢能耗为718千克标准煤/吨，比国际先进水平高17.7%；水泥综合能耗比国际先进水平高33.9%；乙烯综合能耗比国际先进水平高63.1%；发电厂自用率比国际先进水平高53.4%。

表3-7　　　　　　　主要高耗能产品单位能耗的国际比较

名称	1995年			2007年		
	国内平均水平	国外先进水平（国）	国内外差距（%）	国内平均水平	国外先进水平（国）	国内外差距（%）
火电厂发电煤耗（克/千瓦小时）	379	315（日本）	+20.3	332	300（日本）	+10.7
火电厂供电煤耗（克/千瓦小时）	412	331（日本）	+24.5	356	312（日本）	+14.1
发电厂自用率（%）	6.78	5.77（日本）	+17.5	5.83	3.80（日本）	+53.4
钢可比能耗（千克标准煤/吨）	976	656（日本）	+48.7	718	610（日本）	+17.7
水泥综合能耗（千克标准煤/吨）	199	124（日本）	+60.5	158	118（日本）	+33.9
乙烯综合能耗（千克标准煤/吨）	1277	870（国外）	+46.8%	1026	629（国外）	+63.1

资料来源：《中国能源统计年鉴　2011》。

尽管由于种种原因，分产品由于技术、规模和工艺等因素而不能进行比较；但是对具体产品进行国际比较相对具有可操作性，结果也更为直观和客观。

从比较的结果我们看出，我国对能源利用的效率不高。在资源短缺的大环境下，我们需要将这个问题提到新的高度，引进新技术，改进生产工艺，从源头遏制低效率能源浪费，提高能源的利用效率。

二 能源消费弹性系数

1. 现状分析

能源消费增长速度与经济增长速度的比值被定义为能源消费弹性系数。如果弹性系数越大，说明单位经济增长速度需要消耗更多的能源，这就是说能源的利用效率降低了；反之，则说明能源的利用率越高。

我们先来考察中国能源消费增长率和 GDP 增长率的变动趋势。图 3-6 反映了中国 1990—2010 年中国能源消费增长率与 GDP 增长率的变化趋势。从图中可以看出，中国的能源消费增长率和 GDP 增长率都处于剧烈波动状态，但变化趋势大体较为一致。GDP 增长率在 1990—2010 年总体上处于较高水平，经济增长的高峰年份出现在 1992 年和 2007 年，分别为 14.24% 和 14.16%，经济增长的低谷年份出现在 1999 年。与 GDP 增长率相比较，能源消费增长率波动幅度更大，1998 年和 2008 年达到波谷，1995 年和 2004 年达到波峰。总的来看，能源消费增长率除 1997 年和 1998 年增长率比较低（分别为 0.53% 和 0.20%）外，其他年份都保持了较高的增长速度，GDP 增长率总体水平较高。大部分年份能源消费增长率都低于 GDP 的增长率，只有 2003 年、2004 年的能源消费增长率要高于 GDP 增长率。

图 3-7 显示的是 1990—2010 年中国能源消费弹性系数的变化情况。能源消费弹性系数在 2004 年达到最高值 1.6，最低值出现在亚洲金融危机期间的 1998 年，仅为 0.03，这 11 年年均能源消费弹性系数为 0.58。

图 3-7 中有两个时期能源消费弹性系数波动剧烈：一是 1996—1998 年，能源消费弹性系数在 1996—1998 年连续 3 年下降，原因是受到了亚洲金融危机的影响，中国的实体经济受到了严重的冲击，使中

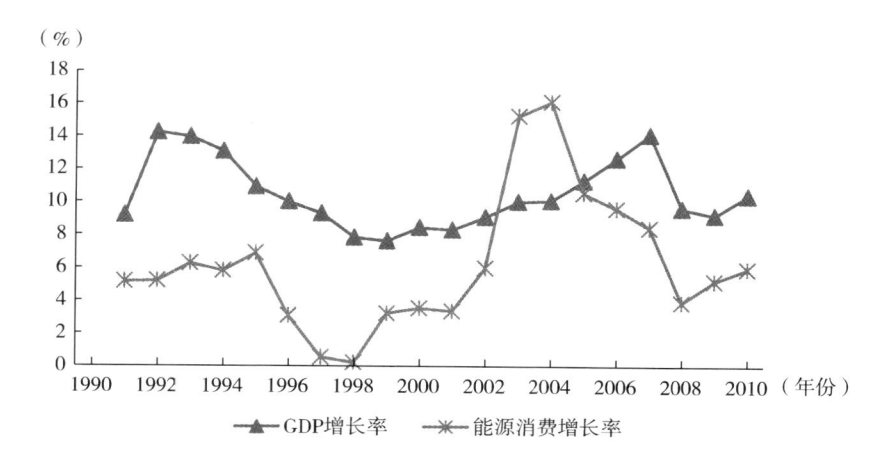

图 3-6 1990—2010 年中国能源消费增长率与 GDP 增长率对比
（1990 年不变价）

数据来源：历年《中国统计年鉴》。

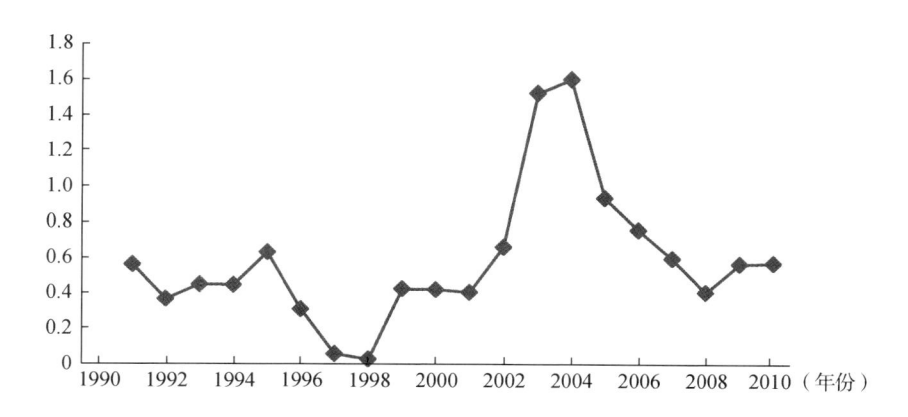

图 3-7 1990—2010 年中国能源消费弹性系数的变化

数据来源：历年《中国统计年鉴》。

国能源消费总量降低，导致能源消费弹性系数大幅降低；同时，在这一时期中国产业结构调整力度较大，产业结构由重转轻，关闭了许多高耗能高污染企业，大力发展更为环保的第三产业，产业结构由重转轻的调整也促使这一时期能源消费总量减少，导致能源消费弹性系数继续下降；另外，在这一时期中国新的技术和生产工艺不断提高，促进了能源利用效率的大幅提高，降低了能源需求量，从而降低了能源消费弹性系数。第二个阶段是2002—2004年，能源消费弹性系数出现快速上涨，2004年能源消费弹性系数达到了1.60。导致能源消费弹性系数快速上升的原因主要有：首先是受中国房地产产业迅猛发展的带动，推动了基本原材料行业如钢铁、水泥等的产量迅速增加，而原材料行业往往在生产中需要消费大量的能源，促使能源的消费总量大幅上升，能源消费弹性系数也大幅上升。其次，还与这一时期中国的产业结构重型化有关，在这一时期中国高耗能产业占国民经济的比重越来越高，随之而来的能源消费量也巨大，推动了能源消费弹性系数的增长。除了重工业对能源消费的增加，这一时期，随着居民生活水平的大幅提高，大量移动设备（主要是私家车）和家用电器的使用使得居民对能源的消费大大增加，也导致了能源消费弹性系数的上升。

2. 国际比较分析

表3-8列出了2005—2008年各国能源消费弹性系数。由表3-8可以看出，能源消费弹性系数的值同国家所处的工业阶段相关，工业化进程相对落后的国家，能源消费弹性系数都比较高。发达资本主义国家如美、德、法、英、日的能源消费弹性系数小于0，对于像"金砖四国"新兴经济体，除了俄罗斯的能源消费弹性系数较小为0.20外，其他的都比较高，比如中国为0.79，是世界平均水平的1.5倍，巴西达到了0.94，印度为0.66。

表3-8　　　　　　2005—2008年各国能源消费弹性系数

国家	年均能源消费增长率（%）	可比价格年均GDP增长率（%）	年均能源消费弹性系数
美国	-0.51	2.08	-0.25
巴西	4.18	4.47	0.94

续表

国家	年均能源消费增长率（%）	可比价格年均GDP增长率（%）	年均能源消费弹性系数
法国	-0.49	1.74	-0.28
德国	-1.43	1.92	-0.74
英国	-1.6	2.08	-0.77
中国	8.73	11.01	0.79
印度	5.88	8.94	0.66
日本	-0.53	1.40	-0.38
韩国	2.5	4.12	0.61
俄罗斯	1.36	6.95	0.20
世界	2.36	4.43	0.53

注：年均能源消费增长率是根据 2004—2008 年的数据计算得出，年均国内生产总值（GDP）增长率是按汇率法计算的 2005—2008 年的平均增长率。

资料来源：《BP 世界能源统计年鉴 2009》；世界银行 WDI 数据库。

从上面的分析不难看出，中国经济的高速增长伴随着大量的能源消费，中国的经济增长基本处于"高投入、高消耗、低效率"的粗放状态，经济增长所付出的能源成本和代价很大。

第四节 能源供需缺口的原因分析

能源供需缺口是指能源供给满足不了需求，出现供给缺口。本章第二节对中国能源供需缺口分析表明，中国的能源需求大于供给，能源出现短缺。导致能源供需缺口的原因很多，首先是中国人均能源占有率偏低，虽然中国能源总储量比较丰富，但是人均能源占有率比较低，这点在本章第二节有介绍；其次，与中国的粗放式经济增长有关，中国单位 GDP 的能耗远远高于先进国家水平，能源消费弹性系数也远远高于发达国家水平，能源利用效率低，这一点在本章第三节有详细的介绍；最后，能源供需缺口还与中国的能源价格有关。关于能源供需缺口与能源价格的关系，国内外学者也有过相关的研究。

金碚（2005）指出供求关系是决定资源是否短缺的主要依据，而价格又需要参考供求关系来决定。从可能性上说，储量丰富的物质往往成为工业生产的重要资源，而正是由于供应丰富，往往会拉低资源价格，而低价格总是导致更大的需求，储量丰富的资源也会面临短缺。所以理论上来说只要价格自由浮动，就不会出现普遍性的资源短缺现象。

亚洲开发银行公布的《2005年亚洲发展展望更新版》报告显示，在其所调查的30个国家和地区中，中国大陆的汽油价格居倒数第六位；燃油税仅为美国的10%、欧洲的3%—5%；天然气价格基本是发达资本主义国家和地区如美国、日本和欧盟的一半还不到。由于中国政府监管不严，造成资源开采的成本非常低，经常会造成无序开采，资源浪费。同时开采的成本没有反映在资源的成本里，造成资源的价格偏低，这将导致使用环节的资源浪费。

中国能源研究会发布的《中国能源发展报告 2011》也指出中国现有的油电煤气价格扭曲，导致供需脱节，影响经济正常运行。该报告还呼吁，"十二五"期间应该使用市场化的手段对能源进行定价。周大地指出，如果没有合理的定价机制，能源价格偏低必将导致浪费，会产生不合理的消费，应该让需求成为能源定价的依据，这样才有利于转变经济增长方式、促进对经济结构的调整。冯飞建议，应该形成合理的能源价格机制，应在能源领域加入竞争，以提高能源领域的科技创新水平，提高能源领域的效率；应进一步理顺政府、能源市场和企业的关系。

安尼尔·特维（2006）认为中国的经济增长和发展受到能源的制约，要解决这个问题可以从两方面着手，一是得到所需能源的途径，他认为长期而言，如果要确保能源安全，中国必须增加国内新能源（传统能源和可再生能源）的开发和经济性利用；二是价格，他认为，中国能源价格偏低，能源价格偏低导致了一些负面影响，如中国高耗能以及低能源利用效率的现象。

能源价格偏低使得能源需求远远大于供给，能源出现短缺，提高了能源的对外依存度；能源价格偏低还降低了社会节约能源的压力和动力，导致能源利用效率低下，能源浪费严重以及开采过度、能源产地生态环境恶化等一系列问题。因此，我们要推进能源价格改革。能源价格改革的目的是理顺长期被压制的能源价格，提高能源配置效率，促进经济发展方式转变，推动节能减排，从而实现经济和社会可持续发展。

在市场经济条件下，价格应由市场竞争形成，价格充分反映价值和市场的供求关系。然而，中国的能源价格的形成机制不完善。中国的能源价格管理是建立在以传统商品价格为管理对象的基础之上，政府在制定或调整能源价格时，既缺乏完整的定价依据，也没有规范的定价方法，连贯性较差、随意性较大，缺乏科学性和合理性，削弱了价格对自然能源市场的调节力度。当然，中国能源价格的改革也在不断推进中。

一 中国能源价格改革历程

中国于20世纪80年代初就开始改革能源定价机制，主要方式为引入"双轨制"。由于能源的价格能直接影响国民经济的运行，所以对能源的定价机制的改革慎之又慎，改革的道路也非常曲折，在20世纪90年代之前，能源定价机制的改革大幅滞后。20世纪90年代之后，这一进程开始加快，工业品的平均价格指数逐渐被种类齐全的各类能源价格指数所取代。

1. 煤炭定价机制改革

煤炭定价机制的改革，同其他传统行业一样，一开始采用政府牢牢把控的计划模式，然后逐步放开，引入市场机制，让价格根据供求关系波动。为了有效地实施节能减排计划，煤炭定价机制的改革进程逐渐加快。

改革开放以来，中国煤炭定价机制的改革先后经历了"双轨制"、部分市场定价和全面市场定价三个阶段，逐步实现了煤炭价格的市场化，政府取消了对煤炭价格的干预，逐步退出煤炭市场定价。这三个阶段详细描述如下：

第一阶段（1978—1984年），选取部分企业进行试点，在国家定价的大环境下，尝试放开煤炭价格，扩大企业的自主权，企业根据市场情况自主制订生产计划，提高企业的生产积极性，管理部门逐步积累经验。

第二阶段（1985—1992年），这一阶段，国家加大了定价改革的力度，首先国家对煤矿实施承包制，让煤矿自主经营，对于大的煤矿企业超出计划的原煤放开价格，由企业自主定价；对于小煤矿则完全放开管制，交由小煤矿主自主生产自主定价。至此，市场才被真正引入煤炭市场。接下来，国务院决定继续调整煤炭定价机制，将实行的全国加价机制继续放开，实行区域加价，国家层面不再进行干预。

第三阶段（1993—2001年），煤炭价格改革的力度进一步加大，逐步取消了指令性煤炭价格及对亏损煤炭企业的补贴，将煤炭生产企业推向市场。除了发电用煤实现国家指导价格外，其他种类的生产生活用煤在全国范围内取消价格干预，完全放开。

2001年，煤炭的政府指导价正式退出历史舞台，改为企业间的协商定价机制，为了保证关系国计民生的电力价格的稳定，此时电力煤的价格没有放开，仍由政府指导定价，这也是为了保护电力改革的平稳有效推进。从2002年开始，电力煤的指导价格机制也退出历史舞台，这标志着中国煤炭定价机制改革的圆满完成。经过数十年的改革，煤炭价格完全交由市场中的供需关系决定。

2. 石油定价机制改革

同煤炭定价机制的改革类似，石油定价机制的改革也经历了漫长的过程，也是从最开始的国家统一定价、"双轨制"，到分类定价再到最后的与国际原油价格挂钩的过程，与煤炭不同的是，最终的石油价格由国际市场决定而不是国内市场决定，当然这也是由我们国家石油储备贫乏的实情决定的。石油价格改革所经历的三个阶段描述如下：

第一阶段（1980—1994年），从国家指导价过渡到"双轨制"，这期间，国务院规定，计划内的产量实行国家指导价，用于国内的生产，对于生产出来的超出这一产量的石油按照国际石油价格进行出口，从这一时期开始，计划内的石油价格由国家指导，计划外的石油的价格放开。

第二阶段（1994—1998年），由于石油价格实行"双轨制"期间产生了许多新的问题，国务院决定取消"双轨制"，所有的石油价格回归由政府统一定价的老路，并对石油流通体制开始进行改革。

第三阶段（1998—2001年），对流通体制改革的结果是只允许中石油、中石化两家国企垄断，成品油的价格开始与国际接轨，国内开采的石油以及从国际市场上进口的原油销售价格由这两家企业协商决定，这两家企业下属的炼油厂的石油进货价格也在企业内部进行协商确定。接着，国家取消了原油指导价格。国务院更进一步对成品油的定价机制进行改革，成品油的价格由原来仅参考新加坡市场改为同时参考纽约、新加坡和鹿特丹三地的石油交易价格，并实现了与这三个市场的价格联动，更好地反映国际原油价格的波动。

经过这一系列的改革，中国的石油价格实现了同国际价格的接轨，由世界市场来决定，但是成品油价格依然被政府控制，政府在对成品油价格进行定价时综合考虑国际成品油价格和国内的经济发展情况、成品油的供需情况。成品油的价格仍然不是由市场决定，离实现真正的市场化还有较远的距离，定价机制的改革还需要继续深入。

总体来看，中国能源领域尚未形成充分市场化的价格形成机制，政府存在调控能源价格的行为。接下来本书提出了能源市场的一种新的定价方法——特征价格法，力求为政府调整能源价格提供参考依据，为企业主体预测能源价格的变化提供参考。

二 基于特征价格模型的中国能源价格研究——以煤炭为例

在中国能源禀赋中，煤炭占绝对主体地位。与石油和天然气相比，中国煤炭的储量相对丰富，2008 年，中国煤炭探明储量占世界探明储量的 13.86%，储产比为 41，而石油、天然气分别仅占 1.11%、1.31%，储产比为 11.1、32.3。[①] 煤炭是中国国民经济发展的主要能源，约占中国能源消费的 70% 以上。以 2009 年的能源消费结构为例，煤炭、石油、天然气和其他能源占中国总的能源消费的比重分别为 70.4%、17.9%、3.9% 和 7.8%。[②] 中国根据自身的能源储量和能源消费结构，提出以煤炭能源为主、其他能源为辅的能源战略结构。[③] 由此可见，短期内，煤炭资源在整个能源结构的主要位置不可替代。这样的话，能源市场上煤炭价格的变化备受各经济主体的关注，它在很大程度上影响了中国的能源供求结构，在宏观上影响到国家的能源安全，微观上影响着国民生产和生活方方面面，煤炭价格的波动导致基本消费品的价格随之波动。经研究发现，如果煤炭价格上涨 10%，将导致 PPI 和

[①] 《BP 世界能源统计 2009》，http://www.bp.com/statistical review；储产比指储量与产量的比率，剩余储量的可开采年限 = 该年年底的储量/该年度的产量。

[②] 《中国能源统计年鉴 2010》，中国统计出版社 2011 年版。

[③] 林伯强：《2010 年中国能源发展报告》，清华大学出版社 2010 年版。

CPI 分别上涨 0.55% 和 0.17%。所以在这个背景下，对中国煤炭的价格研究具有重要意义。

中国煤炭价格形成机制有一个复杂的调整过程，经历了政府定价、政府定价为主与市场调节为辅、以市场形成价格为主几个阶段。1993 年，中国煤炭价格由政府定价，转向基本交由市场定价。21 世纪初，煤炭市场已经基本由供需关系来决定煤炭价格。

煤炭属于化石能源，具体分类上属于可耗竭资源，国外关于煤炭资源价格的研究主要见于可耗竭资源经济学的研究。对可耗竭资源的研究始于 20 世纪初期，以 L. C. 格雷（1914）和 H. 霍特林（1931）为开端。L. C. 格雷（1914）指出可耗竭资源的价格应该参照社会成本与私人成本的和，概括来说就是可耗竭资源的价格应该等于边际生产成本加上边际使用者成本。霍特林（1931）指出在竞争市场环境中开采的边际成本为零的情况下，耗竭性资源的净价格的增长速度就是当前的市场利率。这就是著名的霍特林准则，这一准则是资源经济学领域最基本的定律。但该理论在其后的三四十年未受到重视，直到 20 世纪 70 年代出现了"石油危机"，才又得到重视。而后理论与实证研究都迅速展开，文献也相当丰富。由于霍特林准则预测了可耗竭资源价格变化的动态路径，对这一路径进行实践验证成了许多西方能源经济学家所关心的问题。巴奈特和莫雷斯（1986）搜集了历史上铁、铜、木材等资源价格的序列数据，结果发现价格随时间下降，得出不支持霍特林准则的结论。不过霍特林准则指的是净价格而不是市场价格。斯雷德（1982）、斯洛里（1983）搜集了资源市场价格和平均成本的序列数据，其验证的结果基本支持霍特林准则，但哈尔沃森和史密斯（1991）用同样的方法验证的结果却正好相反。之后贝克（1995）观察了煤、石油、天然气、铜、铅等资源 1870 年至 1991 年的真实价格数据，发现资源的价格一直上涨充其量是个很弱的假设。高德特（2007）在贝克的基础上增加了 14 年的观测值，发现资源价格一直上涨这个假设更弱了，但他并不认为这足以说明霍特林准则无效。与前面关于霍特林定律验证所不同的是，默顿和米勒（1985）提出了霍特林模型的另一种检验策略——霍特林价值定律（HVP），他根据一部分美国石油和天然气生产公司本土储量的价值对估计的霍特林价值进行分析，发现估计的霍特林价值能够解释市场价值波动的很大一部分。但是默顿和米勒（1985）发现使用不一样的样本，得出了相反的结论。

国内关于煤炭价格的研究除了定性地分析煤炭价格影响因素外，还有就是从计量经济学的角度出发，采用一些计量模型和方法对煤炭价格的影响因素进行实证分析。根据谢授祥等（2006）使用误差修正模型的实证结果，煤炭价格主要受到煤炭的需求总量供给总量以及对外出口量这3个变量的影响，相比煤炭的供给，煤炭的需求才是决定煤炭价格涨跌的主要原因。谭章禄、陈广山（2009）使用多元线性回归模型对影响煤炭价格的因素进行分析，得出了五个影响煤炭价格的主要因素为：国际煤炭市场价格、国内煤炭年产量、煤炭存储、煤炭铁路运输能力以及煤炭下游产品对煤炭的需求量。孔胜等（2009）认为我国煤炭价格受以下三大因素影响：供需关系因素、相关产品影响因素及政治因素。工业以及民用方面对煤炭的需求构成需求因素，这些煤炭主要用于金属冶炼、火力发电和取暖，而煤炭的储量、产量、库存量以及相应的运输能力构成供给因素。我国的煤炭进出口政策以及国际市场煤炭价格等综合因素在供需端影响国内的煤炭价格。此外，邹绍辉和张金锁（2010）在对煤炭价格波动的模型的实证研究中，采用了Monte-carlo检验和单位根检验方法，研究的结果说明，我国煤炭价格的波动，可以使用几何布朗运动模型进行很好的模拟，而风险中性跳跃——扩散模型能在发生不可预料的突发事件的情况下，对我国煤炭市场价格进行很好的模拟。

与这些研究所不同的是，本节以特征价格理论为指导，通过分析煤炭的属性价格来研究煤炭的价格。本书的创新之处在于将特征模型应用于分析煤炭的价格，并且使用国有重点煤矿的面板数据进行了实证检验。

1. 特征价格理论介绍

传统的微观经济学理论认为，效用是由消费商品的数量产生的，因而，效用是商品数量的函数，由消费者效用最大化，可以推导出消费者的需求函数及逆需求函数，即价格是商品数量的函数。与传统经济学理论不同，特征价格理论认为，消费者是从消费商品或服务的属性（Attributes 或 Characteristics）中获得效用或者满足的，即效用是商品或服务的属性的函数，同样地，由消费者效用最大化可以推导出商品价格是商品的各方面的属性的函数。概括地讲，特征价格理论是从商品的异质性出发，把商品看成是由商品的各个属性组成的，商品的价格因此可以分解为每个属性对应的特征价格（Hedonic Price）或隐含价格（Implicit Price）。

特征价格理论是由兰开斯特（1966）和罗森（1974）提出来的。兰开斯特指出商品的市场价格是由商品的属性而不是商品本身决定的，从而提供了微观经济学理论基础；罗森从市场均衡的角度完善了特征价格理论。

罗森（1974）指出，价格 $p(z) = p(z_1, z_2, \cdots, z_n)$ 引导着生产者和消费者做出区位选择，消费者和生产者的最大化行为决定了均衡价格，并且在均衡时买者和卖者是完全匹配的。

（1）消费者的决策

假设消费者购买 1 单位产品 z，效用函数为 $U(x, z_1, z_2, \cdots, z_n)$，并假设是严格凹函数，这里 x 是购买复合产品的消费数量。令 x 的价格为 1，则收入 y 可以表示成 $y = x + p(z)$。由效用最大化的一阶条件可得：$\partial p/\partial z_i = p_i = U_{z_i}/U_x$，$i = 1, 2, \cdots, n$。

定义出价函数（Bid Function）或值函数（Value Function）$\theta(z_1,$

z_2,…,z_n；u，y）满足：

$$U(y-\theta, z_1, \cdots, z_n) = u \qquad (3-1)$$

则 $\theta(z;u,y)$ 表示在给定效用和收入水平下消费者购买（z_1，z_2，…z_n）的意愿支付（Willing to Pay）。对式（3-1）求导可得：

$$\theta_{zi} = U_{zi}/U_x > 0, \; \theta_u = -1/U_x < 0, \; \theta_y = 1, \qquad (3-2)$$

$$\theta_{zizi} = (U_x^2 \; U_{zizi} - 2U_x U_{zi} U_{xzi} + U_{zi}^2)/U_x^3 < 0, \qquad (3-3)$$

上式可由 U 的海赛矩阵的假设得到。$\theta(z;u,y)$ 是消费者对于 z 的意愿支付，$p(z)$ 是市场上消费者的最低支付。因此，当 $\theta(z^*;u^*,y) = p(z^*)$ 和 $\theta_{zi}(z^*;u^*,y) = p_i(z^*)$ 时，消费者效用是最大的，也就是说，最优的位置应该是在 $\theta(z;u^*,y)$ 与 $p(z)$ 相切的位置。

（2）生产者的决策

生产者的分析和消费者的分析是对称的。$M(z)$ 表示厂商提供的具有特征 z 的产品数量。这里只分析每个厂商生产一种具有某种特征的产品，并且不考虑成本溢出。

假设由成本最小化得到的总成本记为 $C(M,z,\beta)$，β 反映了成本最小化问题的潜在变量。每一个厂商通过选择 M 和 z 最大化自身的利润 $\pi = Mp(z) - C(M, z_1, \cdots, z_n)$，同样厂商是相互竞争的，即 $p(z)$ 与 M 是独立的。M 和 z 的最优选择需要满足一阶条件：

$$p_i(z) = C_{zi}(M, z_1, \cdots, z_n)/M, \; i=1, \cdots, n \qquad (3-4)$$

$$p(z) = C_M(M, z_1, \cdots, z_n) \qquad (3-5)$$

即在最优处，增加一个单位属性的边际收益等于每单位产品的边际成本，选择 M 使得单位收益 $p(z)$ 等于边际生产成本。

与消费者的分析一样，定义要价函数 $\phi(z_1, \cdots, z_n; \pi, \beta)$，它表示在给定利润下，$M$ 是最优的情况下，厂商愿意接受（Willing to Accept）的单位价格。所以，$\phi(z_1, \cdots, z_n; \pi, \beta)$ 是通过

$$\pi = M\phi - C(M, z_1, \cdots, z_n) \qquad (3-6)$$

和 $$C_M(M, z_1, \cdots, z_n) = \phi \quad (3-7)$$
两式消去 M 可得，对式（3-6）和式（3-7）求导可得 $\phi_{zi} = C_{zi}/M > 0$，$\phi_\pi = 1/M/ > 0$。

因为 ϕ 是在给定利润水平下的愿意接受的要价，$p(z)$ 是市场上可获得的最高价格。所以当 $\phi(z^*; \pi*, \beta) = p(z^*)$，$\phi_{zi}(z^*; \pi^*, \beta) = p_i(z^*)$ 时，厂商的利润是最大的，生产的均衡是由要价曲线和特征价格曲线的切点组成的。

（3）市场均衡

均衡时，出价函数和要价函数相切，买者和卖者完全匹配。特征价格函数是要价函数和出价函数的共同包络线。如图 3-8 所示。

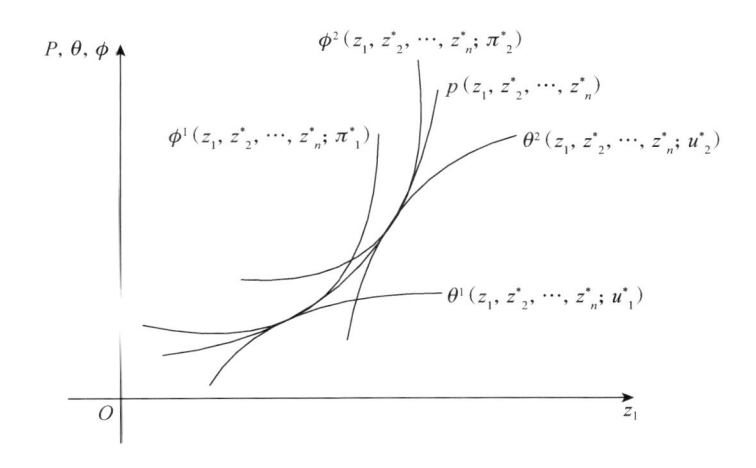

图 3-8 市场均衡

图中 θ^1 和 θ^2 代表两个不同的买者的值函数，ϕ^1，ϕ^2 代表两个不同的厂商的要价函数，$p(z)$ 代表的就是特征价格函数。

特征价格理论应用最广泛的是分析房地产的价格，其次是用来分析土地、农产品、汽车的价格等。海思（1922）用该方法研究了农产品的价格，他把到市中心的距离和城市的大小作为研究农产品价格差异主要的决定因素。华莱士（1926）用特征价格法估计了洛瓦（Iowa）的土地价值。考特（1939）把汽车的价格作为汽车三个不同的特征：净重、轴距和马力的函数，对汽车的价格、需求进行了分析，采用了半对数的函数形式，并最终建立了汽车产业的价格指数。里德克和亨宁（1967）把特征价格理论应用到住宅市场分析。他注意到一些环境特征如空气质量、水质量等对作为消费物品对生产投入要素的土地价格有影响，便使用圣路易斯1960年的单个家庭居住单元的横截面数据采用最小二乘法估计了空气污染对住宅价格的影响，并据此求得空气污染特征的边际隐性价格。

对于特征价格理论的房地产价格研究模型，巴特勒（1982）认为特征住宅价格模型应当包括影响住宅价格的因素，通常，影响住宅价格的因素有三大类：区位（Location）、结构（Structure）、邻里环境（Neighborhood）。区位因素是指房地产所在地区在城市中相对位置的特殊性。结构因素是指房地产本身一些对价值有影响的特征因素。邻里环境因素主要指房屋周围的软硬件环境，影响到生活的舒适性、便利性。因此住宅价格 p 可以表达为：$p = f(L, S, N)$，其中 L, S, N 分别代表区位、结构、邻里环境因素。与 Bulter（1982）建立的房地产市场特征模型一样，我们将建立基于特征模型的煤炭价格研究模型。

2. 模型建立

同样地，煤炭价格特征模型可以表示为 $G_y = aG_L + (1-a)G_K$，G_y 代表原煤价格，G_L 为其属性变量。G_K 代表煤矿的区位因素，主要包括水、电、原材料等的供应及矿区的交通状况等。因为中国的煤炭资源主要分布在不发达的中西部地区，煤炭的开采区域与煤炭消费区域距离普遍较远，这就需要继续长距离的运输，在中国煤炭的运输主要依靠铁路线完成。由于长距离的铁路运输产生的成本会显著地提高煤炭的使用成本，而且铁路的运输成本也在不断地上涨，运输成本占煤炭成本的比重逐渐提高。中国的煤炭运输多为铁路运输，通过水路及公路运输的非常少，因此我们可以采用原煤铁路运力（用变量 Trans 表示）来反映矿区的交通条件。a 代表原煤的品质，原煤的品质是原煤属性的一个主要方面，这里我们采用洗精煤的产量占国有重点煤矿产量的比重（用变量 Clean 表示）来衡量。原煤的一般提炼方法是用水洗，通过原煤水洗出来的精华（最好的）被称为洗精煤，因此洗精煤产量占原煤的比重可以反映煤的品质，一般来说，Clean 值越大，原煤价格就越高。$1-a$ 代表煤矿的规模，这里用国有重点煤矿原煤产量（Product），采矿业固定资产投资（Invest）和职工年工资总额（Wage）来衡量。之所以没有选用原煤储量，主要原因是现阶段煤炭储量因新的煤矿资源的发现而大幅增加的可能性非常小，新探明的煤矿对已探明的储量不构成大的影响。煤炭企业的生产需要经过地质勘探、建井、采掘和加工等方面的工作，需要投入大量的人力和物力。一般而言，产量越大，价格越低；固定资产投资和职工工资总额越大，反映煤矿的开采成本越高，价格越高。

实证研究中，上述函数一般采用线性化形式：

$$P = \beta_0 + \beta_1 Trans + \beta_2 Clean + \beta_3 Product + \beta_4 Invest + \beta_5 Wage + u \quad (3-8)$$

因为我们采用的是国有重点煤矿的省际面板数据，所以式（3-8）又可以写成：

$$P_{it} = \beta_0 + \beta_1 Trans_{it} + \beta_2 Clean_{it} + \beta_3 Product_{it} + \beta_4 Invest_{it} + \beta_5 Wage_{it} + u_t$$
$$u_t \sim i.i.d \quad N(\mu, \sigma^2) \quad (3-9)$$

3. 基于特征价格模型的中国煤炭价格研究

（1）数据来源及处理

中国在 1993 年以前煤炭价格大部分受国家控制，1993 年以后，大幅增加的煤炭产量和快速的市场化改革进程，使得中国慢慢放开了煤炭价格，如生活用煤、建材行业用动力煤、冶金用焦煤等，但对发电用煤的价格仍未放开，发电用煤的价格仍由政府指导。经研究，国务院决定从2002年1月1日起对电煤不再实行国家统一的指导价，由市场供需关系决定煤炭产品的价格。因此，2002年以后，中国煤炭价格主要以市场定价为主，价格的波动和均衡依靠市场机制来实现。综上考虑，本书选择2003年到2008年中国18个省份的国有重点煤矿的省际面板数据作为样本。为方便分析问题，保证样本之间的可比性和定量分析的有效性，本书选择了河北、山西、内蒙古、辽宁、吉林、黑龙江、江苏、安徽、江西、山东、河南、湖南、四川、重庆、贵州、云南、陕西、甘肃共18个区域，样本中不包括天津、上海、海南和西藏4个不产煤的地区以及福建、湖北、广东、广西和青海5个没有国有重点煤矿的地区。之所以选择国有重点煤矿，是因为国有重点煤矿的数据相比地方国有和乡镇煤矿的数据更全面、更准确。

以下是各变量的构造及其来源：

Trans：原煤铁路运力。原煤铁路运力选用中国铁路运输年货运总量作为替换变量，主要因为近年来中国铁路运输年货运总量的一半以上是运输煤炭，各省数据来自历年的《中国铁道统计年鉴》。

Invest：各省采矿业的固定资产投资。各省采矿业的固定资产投资来自历年的《中国统计年鉴》，固定资产投资额根据各省固定资产投资平减指数统一调整为2003年为基准的固定资产投资额。

Product：各省国有重点煤矿的原煤产量。省国有重点煤矿的原煤产量数据均来自《中国煤炭工业年鉴》。

Wage：各省国有重点煤矿的职工年工资总额。它由各省国有重点煤矿的职工人数乘以年平均工资得到，职工年工资总额根据居民消费价格指数平减。各省国有重点煤矿的职工人数的数据来自《中国煤炭工业年鉴》，年平均工资数据来自《中国统计年鉴》。

Clean_Rate：洗精煤的产量占国有重点煤矿产量的比重。洗精煤产量数据来自《中国煤炭工业年鉴》。

Price：各省原煤价格，它可由各省原煤总产值除以各省的原煤产量，再通过工业品价格指数平减得到，原煤总产值和总产量数据均来自《中国煤炭工业年鉴》。

表 3-9 提供了主要变量的描述性统计。表 3-9 显示样本的平均单价约为 209.8 元/吨，最高价格约为 387.6 元/吨，最低价格仅约为 31.3 元/吨，最高最低价格每吨竟然差了 350 多元，这说明由于煤炭赋存条件不同，中国不同地区煤炭价格差异还是很大的。

表 3-9　　　　　　　　　　　变量的描述性统计

变量名	单位	均值	最大值	最小值	标准差
Price	元	209.8382	387.6339	31.25194	94.2105
Product	万吨	4359.609	26716.79	106	5239.594
Invest	亿元	143.0816	705.6817	1.244576	129.4843
Trans	万吨	12653.32	73031.63	1943	12632.11
Wage	亿元	28.53506	177.9084	0.801385	32.44266
Clean_Rate	%	0.130814	0.347616	0	0.09732

（2）模型估计与结果分析

解释变量选用原煤价格，使用面板数据分析方法，对中国 18 个省区市组成的面板数据进行拟合。由于面板数据包括横截面和时间序列数据，因此首先对模型的设定进行 F 检验，检验结果支持选择变截距模型；使用 Hausman 检验判断选择固定效应模型还是选择随机效应模型，当 Hausman 检验结果在 10% 的水平上显著时，则选择固定效应模型，反之则选择随机效应模型。Hausman 检验结果表明，宜选用固定效应模型。使用可行的最小二乘法（GLS）估计，目的是减少由于截面数据造成的异方差影响。我们对上述模型参数进行估计得到结果如下：

$$P_{it} = 169.3206^* + \beta_i + 0.000763 Trans_{it}^* + 125.1994 Clean_{it}$$
$$(20.59776) \quad (0.0001178) \quad (122.3318)$$
$$- 0.021752 Product_{it}^* + 0.469061 Invest_{it}^* + 1.479058 Wage_{it}^*$$
$$(0.004990) \quad (0.051031) \quad (0.340382)$$
$$R^2 = 0.810393, \ F = 32.79969, \ Prob(F) = 0.0000$$

系数右上角的 * 代表该系数在 1% 的显著水平下是显著的，括号内为估计系数的 t 统计值。其中反映各地区价格差异系数 β_i 的估计结果见表 3-10。

表 3-10　　　　　　各地区价格差异系数的估计结果

地区	β_i	地区	β_i	地区	β_i
河北	54.0287	江苏	115.6624	四川	8.6375
山西	139.883	安徽	103.823	重庆	-7.5894
内蒙古	-191.306	江西	4.6966	贵州	-55.239
辽宁	31.6767	山东	65.5564	云南	-23.6775
吉林	-44.9054	河南	65.0963	陕西	-121.386
黑龙江	-100.682	湖南	43.1935	甘肃	-87.4691

模型的系数估计值与我们的预期相同，从模型的估计结果我们可以看出：

各省的截距系数是显著的，从表 3-10 可以看出，保持其他条件不变，价格最高的是山西，其次是江苏，而价格最低的是内蒙古。新中国成立以来，政府一直对煤炭产品实行低价政策。1993 年国家放开煤价的同时又对电煤实行政府指导价，煤炭价格实际上是放而不开。2002 年起，国家停止发布电煤政府指导价，这预示着中国煤炭价格以市场定价为主。山西是中国最大的煤炭资源型省份，煤炭价格的市场化进程比较快，价格也更合理。而江苏靠近上海，煤炭的需求量很大，价格相应也高。内蒙古相对市场化程度低些，煤炭价格还维持在相对低位。

铁路运输的原煤产量对煤炭价格的影响是正的。从这可以看出，中国的铁路运输能力显著影响着煤炭的价格，中国煤炭产量的50%需要靠铁路进行运输，而铁路的运力十分紧张，几近饱和，中国的铁路里程只占全世界的6%，而承担的货运任务却占世界的24%，煤炭运输量占货运总量的40%，运能的限制，直接抑制了煤炭的开采。虽然高速铁路的建设为铁路货运腾出了空间，但煤炭消费量的持续增长，并没有缓解运能紧张的局面。所以，要重视煤炭运输环节的政府调控导向。

洗精煤的产量占国有重点煤矿产量的比重对煤炭的价格影响是正相关的，也就是说，煤炭的质量越高，价格就越高。但其影响是不显著的。煤炭按地区、用途、质量、环节等不同，有不同的价格。由于我国统一使用煤炭出厂价格，这可能是导致煤炭质量对煤炭价格影响不显著的原因。

各省固定资产投资和职工工资总额越高，煤炭价格越高。煤炭企业的生产需要经过地质勘探、建井、采掘和加工等方面的工作，需要投入大量的人力和物力。固定资产投资和职工工资总额是煤炭生产所需的设备和人力的投入，是煤炭生产成本的主要组成部分，而煤炭的成本又是煤炭市场价格的一个组成部分。因此，对煤矿而言，原煤生产成本的控制极为重要，控制成本需要采取有力措施，加大成本管理的力度。近年来，中国煤炭企业机械化程度提高，信息技术的应用范围越来越广，持续引进国外的先进生产经验和管理经验，大大节省了煤炭开发的设备和人力投入。但是，随着开采条件良好的煤炭资源逐渐减少、矿井深度增加或者开采条件发生变化，煤炭开采的边际成本将会增加，这又将导致煤炭价格上涨。

国有重点煤矿的原煤产量越多，煤炭价格就越低。在早期，中国政府使用计划的方式指导煤炭的生产，用政府看得见的"手"干预煤炭的产量，近年来，政府在煤炭市场逐渐引入市场的理念，用原煤的需求指导煤炭的开采。现在我国的煤炭产量达到 20 亿吨，已经跃居世界第一位，煤炭供给量持续提高。煤炭供给越多，价格越低，这符合经济学供需理论。

（3）结论与启示

这里以特征价格理论为指导，建立了研究中国煤炭价格的特征价格模型，并且使用了 2003—2008 年中国国有重点煤矿的面板数据进行实证分析。实证研究表明，在中国煤炭市场使用特征价格模型估算煤炭价格是可行的。主要结论如下：

原煤产量、固定资产投资和职工工资、铁路运力对原煤价格有显著的影响。增加原煤产量，可以看成是增加原煤供给，它会显著降低原煤价格；减少原煤生产的人力和物力投入可以降低价格；此外，提高铁路运力，降低铁路运输成本可以降低原煤价格。

煤炭价格关系到国家的方方面面，对以煤炭为原材料的企业的经营管理产生重大影响，还会对通货膨胀产生影响，对国家能源安全的水平有重要影响。因此对煤炭价格的研究具有重要意义，通过特征价格模型研究煤炭的价格，我们可以建立煤炭价格指数体系，用于指导国民经济发展和保障能源安全，提高市场主体对煤炭价格变化的预测能力。

第五节 本章小结

本章我们首先分析了中国能源资源的概况。近年来，中国能源生产和消费总量均快速增长，但消费量大于生产量，供需出现明显缺口，尤其是石油，中国的石油进口逐年增加，对外依存度越来越大。接下来，本章分析了中国能源的利用效率和能源消费弹性系数。与发达国家相比，中国能源利用效率低，能源消费弹性系数高。最后本章简要地分析了中国能源供需缺口的原因，一是人均资源占有率低，二是能源的利用效率低下，三是与能源的价格偏低相关；并提出了一种新的能源定价方法——特征价格法，力求为政府调整能源价格提供参考依据，为市场主体预测煤炭价格提供参考。

第四章 能源消费与经济增长关系的实证研究

中国快速增长的能源消费在支撑中国国民经济高速发展的同时也带来了高耗能、高污染及低效率等诸多问题，在很大程度上制约了中国经济和社会的科学发展、和谐发展和持续发展。如何节约使用能源，协调能源消费与经济增长的关系，已成为政府和学界高度关注的热点。

本章我们分析中国能源消费与经济增长的关系，对于相关部门和机构更好地把握中国未来的能源消费特征，合理制定经济发展和能源产业的调控政策，促进能源产业的可持续发展和节能减排目标的实现具有重要的现实意义。

第一节 能源消费与经济增长的因果关系研究简述

自克拉夫特二人在1978年开创性地发现美国从GDP到能源消费存在单向因果关系以后，世界上很多国家开始对能源消费和经济增长之间的关系进行了研究。

有些研究表明能源消费和经济增长之间存在互为因果关系或单向因果关系。程和来（1997）对中国台湾地区1955—1993年的GDP和能源消费数据利用恩格尔—格兰杰协整技术进行研究，发现 GDP 到能源消费的单向因果关系。斯特恩（2000）通过对美国 1948—1994 年的研究，发现能源消费到经济增长的单向因果关系。欧和李（2004）利用韩国 1981—2004 年的季度数据对供给方面的 4 个变量（能源消费、GDP、资本和劳动）和需求的 3 个变量（能源消费、GDP 和价格）进行了多元格兰杰因果检验，结果发现，这些变量间不存在短期的因果关系，但存在 GDP 到能源消费的长期单向因果关系。

然而，也有研究发现能源消费和经济增长之间不存在因果关系。阿卡卡和隆（1979）、于和黄（1984）的研究发现两者之间不存在这种关系。于和金（1992）对美国 1974—1990 年的季度数据进行了检验，也发现能源消费与 GDP 之间不存在长期联系。

还有一些研究者对多个国家用同样的方法进行分析，发现能源消费和经济增长的因果关系在有些国家存在，在有些国家不存在，如于和邹（1988），马西和玛丝兰（1996，1997），梭塔什和莎丽（2003）。另外，李和常（2007）使用 22 个发达国家和 18 个发展中国家的面板数据分析了 GDP 和能源消费之间的关系，发现发展中国家存在 GDP 到能源消费的单向因果关系，而发达国家存在双向因果关系。黄柏农等（2008）将 82 个国家 1972—2002 年能源消费与 GDP 的面板数据分成了低收入、中低收入、中高收入及高收入四组，结果发现：对低收入国家，两变量之间不存在因果关系；对中低和中高收入国家，经济增长将使得能源消费增加；对高收入国家，经济增长导致能源消费减少。

表 4-1 对这些文献的研究方法、研究时期、研究对象和研究结果进行了概括。从表 4-1 可以看出，相同的国家和地区使用不同的方法或者不同时期的数据会得到不同的结果。

表4-1 能源消费与经济增长间因果关系的文献概括

作者	实证方法	时间	国家（地区）	结果
Kraft 和 Kraft（1978）	标准的格兰杰因果检验	1947—1974 年	美国	GDP⇒EC
Akarca 和 Long（1979）		1973—1979 年	美国	中性
Yu 和 Hwang（1984）		1947—1979 年	美国	中性
Yu 和 Choi（1988）		1954—1976 年	美国、英国、波兰、韩国、菲律宾	中性 GDP⇒EC EC⇒GDP
Yu 和 Jin（1992）	AIC 的恩格尔—格兰杰二步法	1974—1990 年	美国	中性
Masih 和 Masil（1996，1997）	Johansen 协整	1955—1990 年	马来西亚、新加坡、菲律宾、印度、印度尼西亚、巴基斯坦、中国台湾地区	中性 EC⇒GDP GDP⇒EC GDP⇔EC
Cheng 和 Lai（1997）	Hsiao 的恩格尔—格兰杰协整	1955—1993 年	中国台湾地区	GDP⇒EC
Yang（2000）	Hsiao 的恩格尔—格兰杰协整	1954—1997 年	中国台湾地区	GDP⇔EC
Stern（2000）	向量自回归模型	1948—1994 年	美国	EC⇒GDP
Soytas 和 Sari（2003）	误差修正模型	1950—1992 年	土耳其、法国、德国和日本、阿根廷、意大利、韩国、巴西、印度、印度尼西亚、墨西哥、波兰、南非、美国、加拿大	EC⇒GDP GDP⇔EC GDP⇒EC 中性
Oh 和 Lee（2004）	多变量的格兰杰因果检验	1981—2004 年	韩国	GDP⇔EC

续表

作者	实证方法	时间	国家（地区）	结果
Lee 和 Chang（2007）	面板 VAR	1970—1999 年	发展中国家（18） 发达国家（22）	GDP⇒EC GDP⇔EC
Bwo-Nung Huang 和 M. J. Hwang（2008）	面板 VAR	1972—2002 年	低收入国家、中低收入、中高收入国家、高收入国家	中性 GDP⇒EC GDP⇒EC

注：表中"⇒"表示"导致"，"⇔"表示"双向因果关系"，EC 代表能源消费，GDP 为人均真实 GDP。

资料来源：作者自己整理。

协整方法在国外是研究能源与经济增长关系的主流方法。然而，在国内，直到 21 世纪初，才开始有少量文献运用该理论研究能源与经济增长之间的关系，并且主要是基于时间序列的协整关系研究。马超群等（2004）使用 1954—2003 年的 GDP、能源消费和煤炭消费的年度数据为样本，采用恩格尔—格兰杰二步法进行分析，研究表明，GDP 与煤炭消费、能源总消费三者之间存在长期的均衡关系，同水电、天然气和石油之间不存在协整关系；韩智勇等（2004）利用协整分析和因果关系对 1978—2000 年的年度数据检验同样得到中国能源消费与 GDP 之间存在双向因果关系；林伯强（2003）从电力生产函数出发，使用 1952—2001 年的数据实证分析中国经济增长和电力消费关系，结果表明 GDP、资本、人力资本以及电力消费之间存在着长期均衡关系。

很少有文献使用面板数据对中国的能源消费和经济增长的时间和空间变化进行分析。并且已有的这些文献是将中国粗略地划分为东、中、西部三大地区进行分析。事实上，地区的划分很难有一个准确的标准，并且地区之内的差异也十分巨大，它在很大程度上也会掩盖各省份能源消费与经济增长之间的真实变化关系。徐小斌等（2007）使用中国东、西部地区 1986—2003 年省际面板数据，对中国东、西部能源与经济增长关系进行了比较研究。研究表明，中国东、西部地区能源与经济增长之间的长期关系表现出显著的地区差异，东部地区能源与经济增长之间的关系比西部地区更为密切。张琳等（2009）从柯布—道格拉斯生产函数出发，对中国中部 6 省份的能源消费与经济增长之间的关系进行了实证研究。研究发现中部地区经济增长与能源消费、资本存量以及劳动力之间存在着长期稳定的均衡关系，能源作为一种必需的生产要素，对实现中部崛起目标起着十分重要的推动作用。

王亚菲（2011）采用物质流核算物质投入作为资源消耗的指标，分析了资源消耗与经济增长的长期和短期关系。他使用资源消耗量指标为总量指标，而经济增长使用的是人均 GDP 指标，有些欠合理性。

与以往研究不一样的是，本章利用动态面板估计方法分析了中国能源消费与经济增长的关系，样本为 1990—2008 年，总共 570 个样本，通过运用面板数据的单位根检验、协整检验以及误差修正模型来分析中国能源消费与经济增长的动态关系。本章的结构如下，第一节是能源消费与经济增长的研究简述，第二节是能源消费与经济增长的区域和省域概况，第三节为能源消费与经济增长的一般关系分析，第四节为中国各省份能源消费与经济增长的动态关系分析，第五节为本章小结，给出本章的研究结论。

第二节　能源消费与经济增长的区域和省域概况

本节对中国 20 世纪 90 年代以来的能源消费和经济增长的区域和省域情况进行分析，这不仅可以获得中国能源消费和经济增长的概况，而且还为本章接下来的实证分析提供最原始的数据。

这里需要说明的是本章以及后面实证分析的章节里面所涉及的区

域的划分是参考《中国统计年鉴》中区域的划分方法,将中国划分为东部、中部和西部三大区域,其中,东部地区包括辽宁、河北、北京、天津、山东、江苏、上海、浙江、福建、广东、海南共11个省份,中部地区包括吉林、黑龙江、山西、安徽、江西、河南、湖南、湖北共8个省份,西部地区包括内蒙古、陕西、青海、宁夏、新疆、甘肃、贵州、云南、广西、四川、重庆共11个省份,因为西藏数据缺失,所以西部地区中我们将西藏剔除。

一　能源消费的区域和省域比较

自20世纪90年代以来,中国能源消费增长量不断增加,从1990年的98703万吨标准煤,增长到2008年的291448万吨标准煤,年均增长速度为6.2%。

然而,东部与中、西部之间的消耗能源的总量之间的差距逐步拉大,见图4-1。作为经济发展程度最高的东部,对能源的消费量是最大的。东部地区能源消费量从1990年的40789.52万吨标准煤,增长到2008年的164795.1万吨标准煤,是国内能源消费最高的区域;中部地区从1990年的31296.29万吨标准煤,增长到2008年的90759万吨标准煤,是国内能源消费第二高的区域;西部地区的能源消费量从1990年的21717.88万吨,增长到2008年的82149万吨标准煤,位列第三。

比较省际行政区域能源消费情况,东部地区的省份能源消费量较大。2008年,山东的能源消费总量为30570万吨,位居第一位,其他依次为河北24322万吨、广东23476万吨、江苏22232万吨。这四个省份的总量都超过了两亿吨标准煤。在我国中部地区,2008年,有四个省份能源消费超过一亿吨标准煤,分别为河南18976万吨、山西15675万吨、湖北12845万吨、湖南12355万吨。在西部

(万吨标准煤)

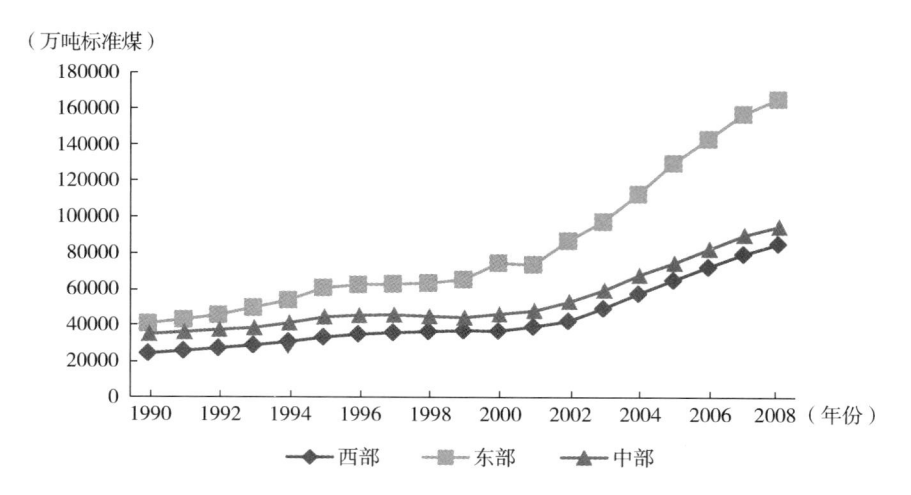

图 4-1　东部、中部和西部地区 1990—2008 年能源消费量的变化

资料来源：历年《中国能源统计年鉴》及各地区能源统计年鉴。

地区，2008 年，能源消费超过一亿吨标准煤的区域为四川和内蒙古，分别为 14100 万和 15145 万吨标准煤。各个省份之间的能源消费量差别巨大，比如海南的能源消费量仅为山东的 1/30，中西部的差别相对要小。

从上面的分析可知，中国省际能源消费量存在较大差异，能源消费较大的省份集中在东部地区。

二　经济增长的区域和省域比较

1990—2008 年，中国经济增长保持了较高的速度，以 1990 年为基期，年均增长率达到 10.3%，如图 4-2 所示。并且东部、中部和西部地区呈现出不同的增长情况，见图 4-3。其中，东部地区经济发展条件优越，发展基础雄厚，GDP 总量最高。相对于东部地区而言，中部、西部地区发展基础较为薄弱，尤其是西部地区，GDP 总量明显少于东部地区。另外，东部、中部和西部地区经济发展差距有不断扩大的趋势。

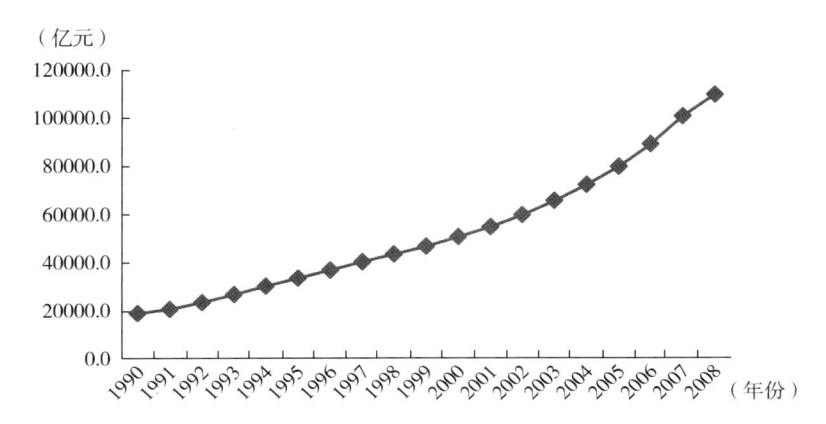

图 4-2 中国 1990—2008 年 GDP 变动（以 1990 年为基期）

资料来源：《新中国六十年统计资料汇编》，中国统计出版社 2010 年版。

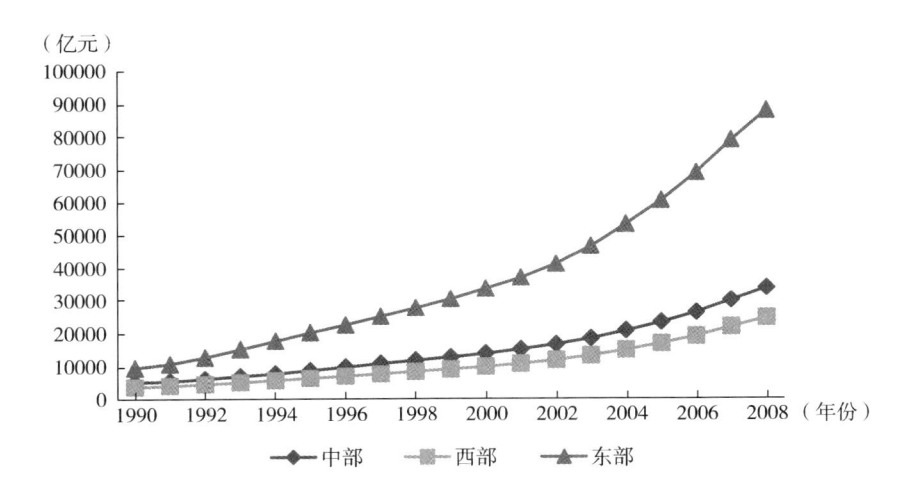

图 4-3 1990—2008 年东部、中部和西部地区 GDP 变化（以 1990 年为基期）

资料来源：《新中国六十年统计资料汇编》。

分省来看，各省域的 GDP 差距也相当显著。以 2008 年为例，1990 年为基期，GDP 最多的是广东省，达到 17273.8 亿元，是 GDP 最少的青海省的近45倍，青海省仅为384.3亿元。

第三节 能源消费与经济增长的一般关系分析

一 能源消费与GDP的关系

随着中国工业化进程的加快，高耗能的产业在国民经济中所占的比重日益提高，比重的提高势必加快能源消费的增长，在资源约束的条件下，必将对高耗能产业造成冲击，从而影响整个国民经济的增长。

图4-4反映了2004年中国各省份人均能源消费量和人均GDP的对应关系，横轴为人均能源消费量，单位统一为吨标准煤，纵轴为人均GDP，人均GDP由1985年基期换算得到，单位为万元。从图中可以看出，除西部地区宁夏属于高耗能低产出外，人均能源消费量和人均GDP大致成正比例关系，能源消费多的省区，产出也多。消耗量最大的是上海、北京、天津、宁夏，人均GDP为1.0802万元；消费量最低的海南、广西、江西、安徽4省区，人均GDP仅为0.2996万元，两者相差3倍多，从上面具体数值可知，能源消费在经济发展中起到不可忽视的作用，能源对经济的影响确实占有很大的比重。当然，能源对经济的影响不是简单的线性关系，经济的发展受到众多因素的影响，导致单位GDP能耗相近的省份，其GDP相差巨大。例如浙江和山西，由图4-4可知，两省的人均能源消费量山西比浙江多，分别是2.88、2.31吨标准煤；而人均GDP差距悬殊，山西是0.38万元，而浙江为0.85万元，这是由于山西是以能源性行业为主，造成经济价值外溢；而浙江以深加工产业为主。

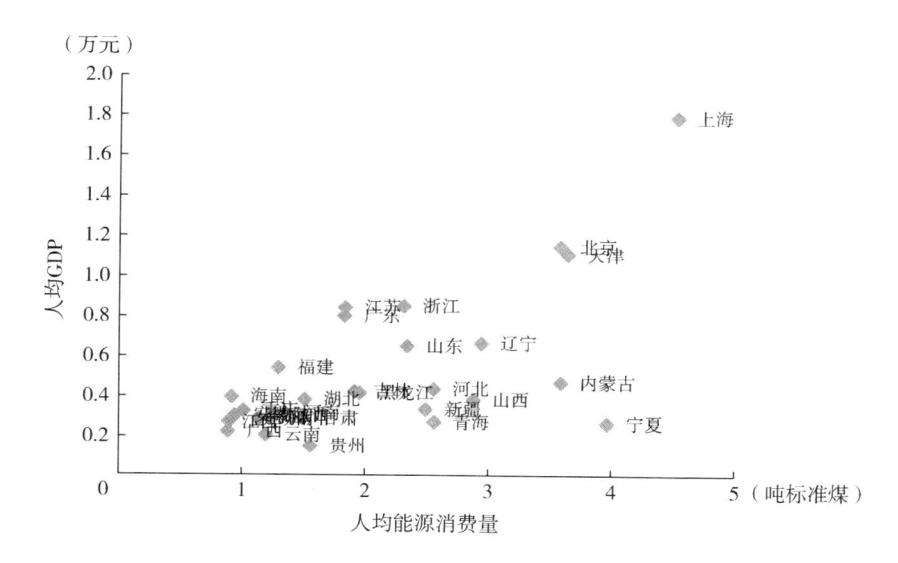

图 4-4 2004 年中国各省份人均能源消费量和人均 GDP 示意

资料来源：根据《新中国六十年统计资料汇编》整理得到。

二 能源消费与 GDP 增长率的关系

除经济总量外，经济增长率也是衡量一个国家或地区经济发展状况的重要指标。图 4-5 展示了人均 GDP 年均增长率与人均能源消费年均增长率两者之间的对照，年均增长率的计算公式为：$Rate = (\ln x_T - \ln x_0)/T$，$x_T$、$x_0$ 分别为计算期和基期的数值，T 为计算期和基期的间隔年份数。以 1990—2008 年各省份人均能源消费的年均增长率为横轴，以 1990—2008 年人均 GDP 年均增长率为纵轴，绘出能源消费与经济增长的散点图。从图中我们可以很直观地看出，这两者正相关，即经济增长水平越快，对能源的需求量也越大。比较可以看出，江苏、浙江、山东三省，经济增速最快，相应的能源消费的增速高达 7.47%；而在宁夏、贵州、新疆等经济增速较慢的地区能源消费平均增长率仅为 5.89%。另一方面，由于中国各区域发展不平衡和 GDP 的复杂构成，GDP 也表现为多样性的增长。因为产业结构不同，同时对能源的利用效率的差异，在人均能源消费增速相差较小的省份，人均 GDP 增速会出现很大的差异。比较福建和浙江的数据，人均能源消费增速都为 8.01% 左右，但是福建的经济水平要明显低于浙江，这主要是因为浙江具有更优的产业结构。

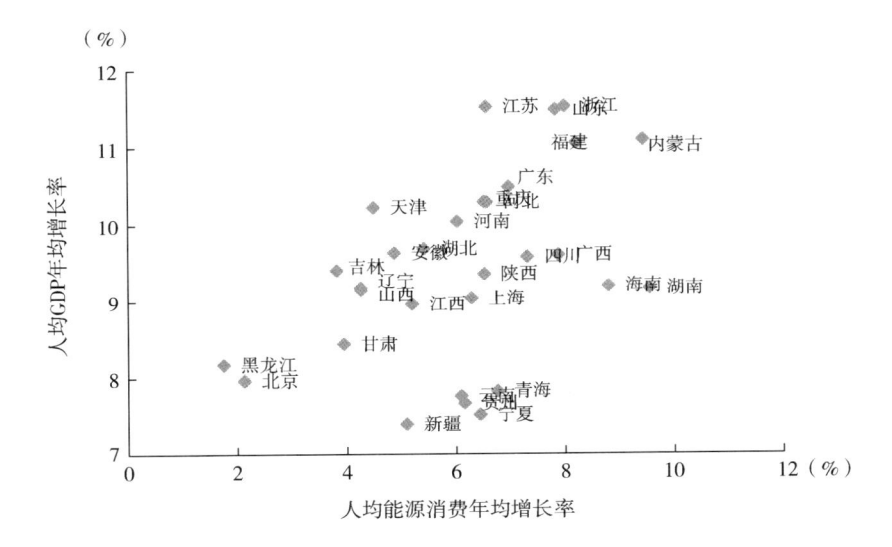

图 4-5 人均能源消费年均增长率和人均 GDP 年均增长率间的对应关系

资料来源：根据《新中国六十年统计资料汇编》整理得到。

总的来说经济的增速或总量和能源消费的增速或总量都具有正相关的关系，能源消费显著影响经济发展的速度。西部地区经济相对落后，所以能源消费低；东部地区经济增长快，所以能源消费高。

第四节 中国各省份能源消费与经济增长的动态关系分析

一 变量与数据的选取

为对中国各省份能源消费与经济增长的协整关系与因果关系进行研究，本书选取 1990—2008 年中国 30 个省份（西藏部分数据缺失，因此剔除）的人均 GDP 与人均能源消费数据，单位分别为元及吨标准煤。人均 GDP 和人均能源消费的数据都采用自然对数的形式，记为 $LGDP$，LEC。数据来源于《新中国六十年统计资料汇编》及各年度的《中国统计年鉴》。

二 面板单位根检验

面板单位根检验指的是将面板变量各横截面序列作为一个整体进行单位根检验，最早是由阿巴夫和朱润（1990）提出来的。面板单位根检验的方法很多，本书选择莱文、林、春（2002）建立的 LLC 检验法和因、佩莎兰、信（2001）的 IPS 检验法。之所以选择这两种检验法是因为 LLC 检验法综合考虑了截距项、时间趋势、异方差等众多情形，通过在各方程中加入滞后期数以修正异质序列相关问题；而 IPS 检验法放宽了各序列方程的回归系数必须完全相同的限制。

LLC 检验法沿用 ADF 检验的形式，其思路为：对于模型

$$\Delta LGDP_{it} = \alpha LGDP_{it-1} + \sum_{j=1}^{p_i} \beta_{ij}\Delta LGDP_{it-j} + u_{it}$$

$$i=1,2,\cdots,N \quad t=1,2,\cdots,T \quad (4-1)$$

原假设是面板数据中的各个截面序列都具有一个相同的单位根,备择或对立假设是各截面序列都没有单位根,即 H_0: $\alpha = 0$, H_1: $\alpha < 0$。LLC 检验法使用 $\Delta LGDP_{it}$ 和 $LGDP_{it-1}$ 的代理变量而不是直接使用这两个变量来估计 α,这是它与 ADF 检验法的主要区别,得到的 t 检验统计检验量概率上服从渐进标准正态分布,在 Levin A 等(2002)中有描述。

IPS 检验法的过程为:首先依次对每一个截面单元数据分别进行单位根检验:

$$\Delta LGDP_{it} = \alpha_i LGDP_{it-1} + \sum_{j=1}^{p_i} \beta_{ij} \Delta LGDP_{it-j} + u_{it}$$

$$j = 1, 2, \cdots, N \quad t = 1, 2, \cdots, T \qquad (4-2)$$

检验原假设为 H_0: $\alpha_i = 0 \quad i = 1, 2, \cdots, N$,在单位根检验完成之后,就可以获得横截面 α_i 的 t 检验统计量,记 t_i,令 $\bar{t}_{NT} = N^{-1} \sum_{i=1}^{N} t_i$ (p_i) 为单元 t_i 的均值,利用 $\bar{t}_{NT}$ 在 Im-Pesaran-Skin 检验中构造统计量 $\bar{t}$,$\bar{t}$ 是服从渐进正态分布的检验统计量。

$$\bar{t}_{NT} = N^{-1} \sum_{i=1}^{N} t_i (p_i) \quad t_i \bar{t} = \frac{\sqrt{n} \left(\bar{t}_{TN} - N^{-1} \sum_{i=1}^{N} E(\bar{t}_{iT}(p_i)) \right)}{\sqrt{N^{-1} \sum_{i=1}^{N} Var(\bar{t}_{iT}(p_i))}}$$

$$\xrightarrow{a.s.} N(0, 01) \qquad (4-3)$$

判定面板数据的平稳性问题主要使用的是面板单位根检验。两个非平稳的面板数据进行回归,容易导致伪回归,这样,标准 F 和 t 检验是无效的。所以,我们在使用面板数据进行回归或分析之前,应先对面板数据进行单位根检验,检验数据的平稳性。对变量 LEC、LGDP 进行 LLC、IPS 检验。为了增强检验结果的稳健性,检验模型分别采用无时间趋势项和有时间趋势项两种形式进行分析,检验结果见表 4-2。表 4-2 显示,LGDP、LEC 不能拒绝存在单位根的原假设,它们的一阶差分数据的检验统计量的伴随概率值均近似为 0，高度显著地拒绝原假设。所以综合判定两个变量的面板数据均为一阶单整过程。这一结论不仅刻画了中国省域能源消费与经济增长的非平稳特征，也是下列面板协整检验与估计的基础。

表 4 – 2 　　　　　　　　　　面板单位根检验结果

变量	LLC 检验 有趋势	LLC 检验 无趋势	IPS 检验 有趋势	IPS 检验 无趋势
LGDP	－2.6213* (0.0044)	7.3048 (1.0000)	－1.6842** (0.04561)	13.7133 (1.0000)
$\Delta LGDP$	－4.3394* (0.0000)	－7.2271* (0.0000)	－5.2475* (0.0000)	－7.5255* (0.0000)
LEC	－0.2812 (0.3893)	4.6552 (1.0000)	0.8273 (0.7960)	10.9040 (1.0000)
ΔLEC	－5.9102* (0.0000)	－8.1184* (0.0000)	－4.5577* (0.0000)	－7.0043* (0.0000)

注：括号内的值为统计量的伴随概率；*、** 分别代表在 1% 和 10% 的显著性水平下拒绝具有单位根的原假设。

三　面板协整检验

面板协整检验方法有两种：一种是建立在恩格尔—格兰杰二步法检验基础上的面板协整检验，主要有 Pedroni 检验和 Kao 检验；另一种是建立在 Johansen 协整检验基础上的面板协整检验。我们采用 Pedroni 检验和 Kao 检验。我们首先估计回归方程 $LEC_{it} = \alpha_i + \beta_i LGDP_{it} + u_{it}$ 获得残差序列，然后利用辅助回归检验残差序列是否为平稳序列，辅助回归为 $u_{it} = \rho_i u_{it-1} + v_{it}$，由恩格尔—格兰杰二步法可知，在原假设下即变量之间不存在协整关系的条件下，残差序列为非平稳序列，所以，Pedroni 检验的原假设为 $H_0: \rho_i = 1$，序列不存在协整关系。Kao 检验和 Pedroni 检验的区别在于 Kao 检验将原回归方程设定为每一个截面个体有不同的截距项和相同的系数，当然 Kao 检验所构造的检验统计量和 Pedroni 检验是不一样的，详见 Kao（1999），面板协整检验结果如表 4-3 所示。

表 4-3　　　　　　　Kao 和 Pedroni 面板协整检验结果

检验方法	统计量名	统计量值
Kao 检验	ADF	-5.1237（0.0000）*
Pedroni 检验	Panel V	73.9426（0.0000）*
	Panel rho	-2.0765（0.0189）**
	Panel PP	-3.8473（0.0001）*
	Panel ADF	-6.3871（0.0000）**

注：括号内的值为统计量的伴随概率；*、** 分别代表在 1% 和 10% 的显著性水平下拒绝不存在协整关系的原假设。

从表 4-3 可见，各统计量分别在 1% 和 10% 的显著性水平下拒绝了变量间不存在协整关系的原假设，即变量间存在长期均衡关系，可以建立面板数据的协整模型。

四　面板模型估计

接下来采用 Cross-section SUR 法对能源消费和经济增长的长期均衡方程进行估计，似然不相关方法（SUR）是一种非常重要的方法，它可以克服异方差和自相关的影响。通过 Hausman 检验对模型形式进行检验发现模型应采用随机影响的变截距模型。Hausman 检验结果见表 4-4。

表 4-4　　　　　　　Hausman 固定效应与随机效应影响检验

假设	Chi-Sq 统计量	Chi-Sq 自由度	概率
横截面为随机影响	0.00038	1	0.9843

1. 含地区影响的变截距模型的估计结果

含地区影响的变截距模型的估计结果如下：

$$LEC = -4.8979 + \alpha_i^* + 0.6567 LGDP$$
$$(0.3281) \qquad (0.0330)$$
$$R^2 = 0.8350, \quad F = 2874.950, \quad Prob(F) = 0.000$$

地区固定影响系数 α_i^* 如表4-5所示，从上式的结果看，回归方程的拟合优度达到83.50%，括号中的统计量 t 都可以通过显著性检验；从 F 统计量的相伴概率可以看出模型拟合得非常好。这表明地区效应的存在，不同省份的差别对建立的模型有影响，且中国经济增长与能源消费之间存在着长期均衡关系。

2. 同时含有地区和时期影响的变截距模型的估计结果

同时含有地区和时期影响的变截距模型的估计结果如下：

$$LEC = -4.5493 + \alpha_i^* + \gamma_t + 0.6125 LGEDP$$
$$(0.6188) \qquad\qquad (0.0784)$$
$$R^2 = 0.8755, \quad F = 203.6109, \quad Prob(F) = 0.000$$

地区和时期影响系数估计值分别如表4-5和表4-6所示。

表4-5　　　　　　　地区影响系数的估计结果

地区	α_i^* 无趋势	α_i^* 有趋势	地区	α_i^* 无趋势	α_i^* 有趋势
北京	0.1667	0.2126	河南	-0.1608	-0.1749
天津	0.3060	0.3446	湖北	-0.0950	-0.0998
河北	0.2677	0.2678	湖南	-0.4551	-0.4730
山西	0.6106	0.6056	广东	-0.5397	-0.5140
内蒙古	0.4345	0.4357	广西	-0.3926	-0.4199
辽宁	0.3241	0.3452	海南	-0.8257	-0.8267
吉林	0.2269	0.2287	重庆	-0.2657	-0.2791
黑龙江	0.2339	0.2355	四川	-0.1881	-0.2057
上海	0.1895	0.2529	贵州	0.4523	0.4117

续表

地区	α_i^* 无趋势	α_i^* 有趋势	地区	α_i^* 无趋势	α_i^* 有趋势
江苏	-0.3771	-0.3520	云南	-0.0320	-0.0597
浙江	-0.3093	-0.2840	陕西	-0.0902	-0.1053
安徽	-0.3241	-0.3397	甘肃	0.1820	0.1665
福建	-0.4909	-0.4828	青海	0.5640	0.5478
江西	-0.4345	-0.4538	宁夏	0.7109	0.6949
山东	-0.1550	-0.1406	新疆	0.4666	0.4614

表 4-6　　　　　　时期影响系数的估计结果

年份	γ_i 估计值	年份	γ_i 估计值
1990	0.0381	2000	-0.1255
1991	0.0376	2001	-0.1145
1992	0.0105	2002	-0.0919
1993	0.0081	2003	0.0360
1994	0.0050	2004	0.0377
1995	0.0233	2005	0.0963
1996	-0.0094	2006	0.1172
1997	-0.0398	2007	0.1304
1998	-0.0848	2008	0.1203
1999	-0.1225		

由无趋势模型扩展到有趋势模型的拟合优度已经提高到了87.55%，模型的回归系数都非常显著，且有时期效应模型的估计结果要优于无时期效应的估计结果。表4-5显示两模型的地区影响系数表差异不大。

根据时期效应的模型来看，能源消费的弹性系数为0.6125，说明在其他因素不变的情况下，全国总体水平上人均GDP每增加1%，能源消费增加0.6125%。能源消费系数最大的省份是宁夏和山西，能源消费系数最小的省份是海南。

海南的能源消费系数最小,是因为海南主要以第三产业服务业为主,能源消费系数自然低些,而山西为能源大省,以发展能源产业为主,所以能源消费系数大。

五 误差修正模型与格兰杰因果检验

误差修正模型(简称 ECM 模型),也称为 DHSY 模型,在 20 世纪 70 年代末由戴维森、亨得利、斯巴和耶欧共同提出。ECM 模型具有独特的形式,经过 20 世纪 70 年代的经济动荡的检验,ECM 模型比其他传统的计量经济学模型更稳定、更可靠、更具生命力。传统的计量经济学模型需要由某一具体的经济理论来进行指导,它揭示的是一种长期的均衡关系。而 ECM 模型使用的是一种动态非均衡的思想对经济理论进行逼近。

在估计误差修正模型前要先确定滞后阶数。对于时间序列数据,ECM 模型的最优滞后阶数有一套标准的程序来确定,即通过估计的 VAR 模型的 AIC 和 SC 准则来判断。但对于面板数据而言,ECM 模型最优滞后阶数的确定通过面板 VAR 模型来判断与时间序列数据是不一样的。阿雷拉诺(2003)指出最优的滞后阶数应该是使得面板 VAR 模型的残差不存在序列相关。我们采用 Arellano-Bond(简称 AB 检验)对面板 VAR 的残差序列相关性进行检验,结果如表 4-7 所示。

表 4-7　滞后 1 阶面板 VAR 模型的残差序列相关性 AB 检验结果

阶数	LEC 为因变量	$LGDP$ 为因变量
1	-2.04*	-5.10*
2	-0.52	-0.89

注:检验的原假设为:残差序列不相关,*代表 5% 的显著性水平,第一列阶数为残差的滞后阶数。

最常用的 ECM 模型的估计方法是恩格尔—格兰杰（1987）给出的二步法。协整反映了某些非平稳变量之间的一种长期动态均衡关系，组合的结果就是这些序列与均衡之间的误差，称为均衡误差，或误差修正项。ECM 模型是用协整组合的均衡误差对模型进行修正。在协整关系成立的前提下，可以建立如下面板数据 ECM 模型：

$$\Delta LEC_{it} = \alpha_{10} + \alpha_{11}\Delta LGDP_{it} + \lambda_1 ECT_{i,t-1} + \varepsilon_{1t} \qquad (4-4)$$

$$\Delta LGDP_{it} = \alpha_{20} + \alpha_{21}\Delta LGC_{it} + \lambda_2 ECT_{i,t-1} + \varepsilon_{2t} \qquad (4-5)$$

ECM 模型为研究变量之间的因果关系开辟了新的途径。式（4-4）中，如果 α_{11} 显著异于 0，则经济增长是能源消费的短期格兰杰原因；如果 λ_1 显著不为 0，则经济增长是能源消费的长期格兰杰原因。反之，如果 α_{11} 显著等于 0，则经济增长不是能源消费的短期格兰杰原因；如果 λ_1 显著等于 0，则经济增长不是能源消费的长期格兰杰原因。同理，可检验能源消费是否是经济增长的长期或短期格兰杰原因。

模型采用恩格尔—格兰杰二步法进行估计，第一步是估计协整方程，可以得到残差，即 ECT，它反映的是变量在短期波动中偏离其长期均衡关系的程度。因此，能源消费与经济增长的长期因果关系可以通过观察调整速度 ECT 系数 λ 的显著性来检验，第二步是估计误差修正模型，估计结果如表 4-8。

表 4-8   基于 ECM 模型的面板因果关系检验

因变量的 一阶差分	自变量的一阶差分		ECM
	ΔLEC	$\Delta LGDP$	
ΔLEC	—	0.1624* (0.0000)	0.0118** (0.0401)
$\Delta LGDP$	0.4979* (0.0000)	—	0.0622* (0.0094)

注：*，**分别表示在 1%，5% 的显著性水平下通过检验。

由表 4-8 可以看出能源消费与经济增长的增量的回归系数是正的，表明能源消费增加与经济增长增加的方向是一致的。所有的系数都是显著的，说明能源消费与经济增长互为格兰杰因果关系。

第五节 本章小结

本章首先对能源消费和经济增长的区域、省域和一般关系进行分析，通过分析可以看出，无论从总量看还是从增长率看，中国不同的省域能源消费与经济发展都呈现出正相关关系，经济发展水平高的地区基本位于能耗高的东部沿海地区；能耗低的中西部地区经济却很落后，经济发展需要能源作依托；其次，本章选取 1990—2008 年的数据，利用国际上研究能源消费与经济增长之间关系的重要工具——面板协整分析、误差修正模型及面板格兰杰因果检验对中国省际层面能源消费与经济增长之间的动态关系进行了研究。研究结果表明，无论从长期看还是从短期看，能源消费与经济增长之间互为正向因果关系，人均能源消费增加导致人均 GDP 增加，人均 GDP 的增加需要人均能源消费增加。研究结果证实了经济增长与能源消费互为因果关系，这一实证研究结论也符合能源经济学的经济理论：希尔（1979）将资源也看成是一种投入要素，增加资源要素的投入会增加经济的产出，反过来，当经济产出增加时，对资源这一要素的引致需求同样也会增加。但是，我们还需要特别关注这一结论背后所蕴含的更深层次的意义，一方面，只有有不断的能源供应，经济才能持续稳定增长，除了能源的质量（比如随着技术的进步使得能源的品种变化）得到改善，如果能源质量得不到改善，经济总量增长，能源总量也必须增长，因为能源是稀缺资源，短缺的能源供应肯定会制约经济的增长。另一方面，在全球温室气体减排的压力下，每个国家都面临着能源战略和政策的调整。中国在制定有关温室气体减排的能源政策时，必须充分考虑可能对能源消费造成的影响，以免间接地对中国经济增长产生影响。

研究经济增长与能源消费的关系具有重要的政策意义。当能源消费使得人均 GDP 正向增加时，说明能源使用的好处大于能源使用的外在成本，比如污染。相反，如果经济增长使得能源消费增加，能源消费的外在成本，如污染，将会阻碍经济的增长。因此，针对当今中国能源消费和经济增长的因果关系而言，能源消费对经济增长是不可或缺的，经济增长又将使得能源消费更多，政府应制定科学合理的能源政策。

上一章我们分析得出结论，与其他国家相比，尤其与发达国家相比，中国的能源利用效率偏低，能源消费弹性系数偏高。并且，在中国能源消费结构中，煤炭消费量较多，石油较少，天然气、水电、核电等洁净能源使用更少。因此，从这一角度来看，我们可以通过提高能源的利用效率来节约能源，减少能源的浪费。此外，我们还应该减少对传统化石能源的依赖，增加对新能源的开发。具体来讲，政府应加快能源节约型技术的开发，包括降低能源消费的技术，促进能源循环利用的技术，利用新能源、新材料的技术。

同样在上一章我们分析得出结论，能源的价格是影响能源供需矛盾的重要因素之一，虽然中国能源价格改革在不断推进中，但能源价格仍偏低，所以，我们应建立更为有效的能源要素交易市场，消除能源价格的低估和扭曲，使得各种能源价格能够真实反映其稀缺程度，从而迫使企业自觉减少稀缺能源的消耗，研发节约稀缺能源和利用替代能源的技术。

总之，重工业化会消耗大量的能源，轻工业，尤其是服务业会大大降低能源的消耗。因此，我们应该优化产业结构，促进工业产业升级；要优先发展现代服务业，不断提高第三产业比重，降低单位产值的能源消费量。

第五章 考虑能源投入的中国区域经济增长研究

经济增长历来是宏观经济学的研究核心，同时也是经济学重要的、热门的研究领域。从古典经济学到新经济增长理论，对经济增长动力的源泉和经济增长的要素的研究非常多。早期的经济学家，尤其是新古典经济学家把土地、劳动力和资本看作是影响经济产出的主要因素（Solow，1957）。但工业革命对经济增长的震撼性影响使人们开始忽视土地等资源在经济增长中的作用。伴随着经济增长理论发展的新高潮，20世纪70年代的石油危机又一次引发了人们对能源安全问题的关注。在世界范围内的经济活动中，不可否认，资源是经济向前发展的主要推手，如果资源有限，那么对经济的发展将产生巨大的阻碍作用，现实的案例不胜枚举。越来越多关于经济增长和资源投入的实证文献也表明资源与经济增长是密不可分的。因此，世界各国越来越重视对资源的保护和提高资源的利用效率，通过一系列的法律法规对资源的合理使用做出约束，在资源节约和新能源的研发上投入了大量的资金，用以缓解资源紧缺的危机。

理论上，经济学对资源（尤其是可耗竭资源，包括能源）的关注以1942年的格雷和1931年霍特林在《政治经济学》杂志上发表的《可耗竭资源经济学》为开端。之后，经济学对于资源的研究沉寂了近40年，直到20世纪60年代末，才开始新一轮的资源问题研究，但是此阶段的研究并不在经济领域，当时学者们关注的是如何提高资源的开采量。随着经济的发展，日益凸显的资源危机将重点转到了研究经济发展与资源的关系上。达斯古普塔和希尔（1979）首次将效用函数引入新古典增长模型，以消费者无限时域上跨期效用最大化为目标，利用最优控制方法求得经济最优提升方向。斯蒂格利茨（1974）构建了一个单部门最优增长模型，该模型首次将不可再生资源引入模型，详细探讨了稳定的最优经济增长路径。随后，罗伯森（1980）、休乌（1996）都建立了内生增长模型，用来研究经济增长、资源、科技水平等多因素之间的关系。我们这里主要研究能源与中国经济增长的关系。

实证方面，20世纪70年代以前，经济学者很少关注资源在经济增长中的作用，经济增长一般被认为是资本、技术、储蓄率、就业以及制度等因素的函数，而自然资源则被认为能够相互替代或被其他生产要素所替代。外生性增长理论的开创者索洛（1957）指出经济持续增长的源泉是技术进步，经济增长收敛的重要原因是资本的积累。罗默（1986）、卢卡斯（1988）等内生经济增长理论的代表则强调经济增长的主要引擎是实物资本和人力资本，在各个国家或行政区域之间，技术的差距直接决定是否出现经济的收敛。通过更深入地对技术进步测度进行研究，我们可以得出结论：技术效率以及它的变化同技术进步一样，对经济增长率的影响也比较大。法雷尔（1957）创造并深入研究了技术效率的概念，并将技术效率的理论发展为研究经济发展的重要领域。西米祖和佩奇（1982）首次采用参数前沿方法，将全要素生产率（TFP）的增长分解成前沿技术变化和相对前沿的技术效率的变化。贡布哈卡（2000）将全要素生产率的变化进一步分解为4种变化因素：配置效率变化、技术效率变化、规模效率变化、技术进步。这些对生产率增长进行分解的研究方法为深入研究中国经济增长方式提供了一条新途径。

本章利用随机前沿模型，使用 1990—2008 年中国各省份的面板数据，研究了考虑能源投入的中国经济增长的人力资本和制度效应，对中国各地区全要素生产率及技术效率的区域特征进行了分析，并对全要素生产率增长率进行了分解，分析了中国全要素生产率的主要特征。与现有文献相比，本章具有如下几点贡献：（1）本章从人力资本和制度两个方面系统地提出了影响各地区技术效率的指标体系，检验了人力资本和制度与经济增长之间的关系，以深化对中国经济增长动力问题的认识。（2）大部分关于经济增长的实证都没有在生产函数中将能源考虑在内，而我们通过对中国能源消费与经济增长的面板协整以及格兰杰因果检验发现经济增长依赖于能源的投入，能源要素在经济增长中的作用不能忽略，所以，我们基于随机前沿模型，提出了考虑能源投入的经济增长的分析框架，并对技术效率的影响因素进行了分析。

本章的结构如下：第一节提出了全要素生产率增长率的分解模型以及随机前沿生产函数模型；第二节为变量的选择与数据说明；第三节为研究结果及分析；第四节为本章小结，给出了这一章的结论及相应的政策建议。

第一节　全要素生产率增长率的分解模型以及随机前沿生产函数模型

一　全要素生产率增长率的分解模型

全要素生产率的增长是扣除投入增长部分的产出增长，它是经济增长的核心内容。索洛残差法没有意识到技术进步同全要素生产力增长的区别，而认为两者是同一因素，没有对全要素生产率增长率进行进一步的细分研究。贡布哈卡(2000)将全要素生产率的变化进一步分解为:规模效率变化、技术进步、技术效率变化、配置效率变化。因为价格信息较难获取,最后一种效率通常无法通过计算获取,所以在研究过程中通常不考虑第4种因素。

技术效率反映的是在投入一定的情况下,实际产出与理论产出之间的差值,这个差值越大,说明在生产过程中的不当操作,造成的浪费越严重,技术效率也越低,而技术进步通常影响理论产出,技术的提高往往会增加理论产出。技术效率和技术进步对经济的发展同等重要,我们在鼓励创新、引进先进技术的同时,也要注重提高技术效率,使实际产出更接近理论产出,提高资源利用率。规模效率变化反映了投入与产出的变动情况,如果规模报酬与要素投入的趋势一致,那么规模效率将推动全要素生产率变化。

为了说明全要素生产率及其分解的经济学意义,以一种投入产出的生产函数为例(见图5-1)。生产前沿表示固定投入下的理论产出水平,生产前沿1和生产前沿2表示不同时期的两个生产前沿。厂商的实际技术效率决定了它相对生产前沿的位置。与生产前沿曲线的距离代表了无效率的程度,很显然 B、C 点表示技术有效率点,A 点表示技术无效率点。根据全要素生产率的定义,从原点出发的射线的斜率表示全要素生产率。从 B 点到 C 点,技术效率不变,从原点出发的射线的斜率变大,意味着全要素生产率升高了。从 A 点移到 B 点,射线斜率变大,表示全要素生产率提高了,相对于 A 点,B 点在生产前沿面上,因此技术效率也提高了。厂商的技术进步体现为由生产前沿1上移到生产前沿2。由图5-1可以看出,不管是技术的进步,还是技术效率的改进,都会提高全要素生产率。

根据贡布哈卡(2000)的分析,假设随机前沿生产函数为:

$$y_{it} = f(x_{it}, t) \exp(v_{it} - u_{it}) \quad i = 1, \cdots, N$$
$$t = 1, \cdots, t \quad (5-1)$$

其中，y_{it} 为第 i 个样本第 t 年的产出，$f(x_{it}, t)$ 为前沿生产函数中确定性产出部分，x_{it} 为第 i 个样本第 t 年的要素投入向量。v_{it} 为随机噪音项且 $v_{it} \sim N(0, \sigma_v^2)$，$u_{it} \geq 0$ 为随时间变动的生产无效率项，v_{it} 和 u_{it} 相互独立。

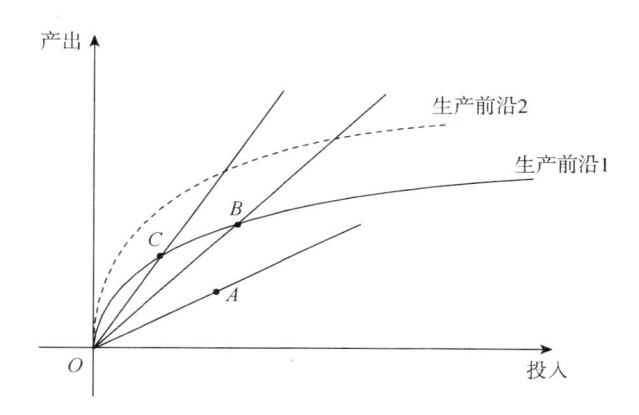

图 5-1　全要素生产率、生产效率与技术进步

将对数形式的前沿生产函数对时间趋势 t 求导数，得到：

$$\frac{d\ln f(x,t)}{dt} = \frac{\partial \ln f(x,t)}{\partial t} + \sum_j \frac{\partial \ln f(x,t)}{\partial x_j/x_j} \frac{dx_j/x_j}{dt}$$

$$= \frac{\partial \ln f(x,t)}{\partial t} + \sum_j \varepsilon_j \dot{x}_j \quad (5-2)$$

ε_j 为要素 x_j 的产出弹性，$\dot{x}_j$ 为要素 x_j 的变化率。

将式（5-1）两边同时取对数，然后对时间 t 进行全微分可得：

$$\dot{y} = \frac{d\ln y}{dt} = \frac{d\ln f(x,t)}{dt} - \frac{du}{dt} = \frac{\partial \ln f(x,t)}{\partial t} +$$

$$\sum_j \varepsilon_j \dot{x}_j - \frac{du}{dt} \quad (5-3)$$

按照增长核算法，全要素生产率的增长为：

$$T\dot{F}P = \dot{y} - \sum_j s_j \dot{x}_j \quad (5-4)$$

s_j 是要素 j 在总成本中的份额，$\sum S_j = 1$。在利润最大化条件下，

要素的产出弹性 ε_j 应该等于要素在总成本中的份额 s_j。将式（5-3）带入式（5-4）得：

$$\dot{TFP} = \dot{y} - \sum_j s_j \dot{x}_j = \frac{\partial \ln f(xmt)}{\partial t} + \sum_j \varepsilon_j \dot{x}_j - \frac{du}{dt} - \sum_j s_j \dot{x}_j$$

$$= \frac{\partial \ln f(x,t)}{\partial t} + \left(-\frac{du}{dt}\right) + (RTS - 1)\sum_j \lambda_j \dot{x}_j +$$

$$\sum_j (\lambda_j - s_j)\dot{x}_j \tag{5-5}$$

其中，$RTS = \sum_j \varepsilon_j$，$\lambda_j = \varepsilon_j / \sum_j \varepsilon_j = \varepsilon_j / RTS$，且 $\sum_j \lambda_j = 1$，它反映的是要素 j 在前沿生产函数中的相对产出弹性。于是，式（5-5）中的全要素生产率变动最终可以分解为：

（1）技术进步（TP），为式（5-5）中的第一项，即 $TP = \frac{\partial \ln f(x,t)}{\partial t}$，技术进步从图形上看，反映了生产前沿边界的移动，代表在不变的投入要素情况下，产出随着时间的变化率。

（2）技术效率变化率（$\dot{TE}$），为式（5-5）中的第二项，即 $\dot{TE} = \frac{du}{dt}$，TE 是指在相同的要素投入和技术水平下，厂商的实际产出与前沿产出（最大产出）的百分比，技术效率变化率用 $\dot{TE}$ 表示，并且有：$\dot{TE} = \frac{TE_t}{TE_{t-1}} - 1$。

（3）规模效率（SE）和能源配置效率（AE）。规模效率 $SE = (RTS - 1)\sum_j \lambda_j \dot{x}_j$，表示其他条件固定，产出增长比例高于要素投入规模增长的比例；能源配置效率 $AE = \sum_j (\lambda_j - s_j)\dot{x}_j$，实际生产当中，要素的投入比例会与理论最大化条件下的要素投入比例不一样，要素投入比例的变化对 TFP 的贡献用 AE 表示。

可见，全要素生产率变动可以分解为四个部分，技术进步（TP）、技术效率变化率（TE）、规模效率（$SE = (RTS - 1)\sum_j \lambda_j \dot{x}_j$）和能源配置效率（$AE = \sum_j (\lambda_j - s_j)\dot{x}_j$），即 $\dot{TFP} = TP + \dot{TE} + AE + SE$。我们

可以很直观地看出，TP 和 TE 与 TFP 的变化方向一致，但是 TP 和 TE 变化方向有可能相反。

贡布哈卡（2000）指出当要素价格无法获得时，将无法求出配置效率增长值，这种情况下我们假定 $\lambda_j = s_j$，分解方程简化为：$TFP = TP + \dot{TE} + SE$。

本章的研究将对全要素生产率增长率进行进一步的分解，以更好地从底层进行分析，进而对中国区域技术效率、技术进步、地区差异和影响因素进行较深入的分析。

二 随机前沿生产函数模型

1. 生产函数的设定

投入要素之间的替代效应、技术进步是否中性以及技术进步这三个因素都要在模型中进行综合考虑，选取超越对数生产函数时变形式为：

$$\ln y_{it} + \beta_0 + \beta_1 \ln K_{it} + \beta_2 \ln L_{it} + \beta_3 \ln R_{it} + \beta_4 t + \frac{1}{2}\beta_5 t^2 + \frac{1}{2}\beta_6 (\ln K_{it})$$

$$(\ln L_{it}) + \frac{1}{2}\beta_7 (\ln K_{it})(\ln R_{it}) + \frac{1}{2}\beta_8 (\ln L_{it})(\ln R_{it}) +$$

$$\beta_9 t (\ln K_{it}) + \beta_{10} t (\ln L_{it}) + \beta_{11} t (\ln R_{it}) + v_{it} - u_{it} \quad (5-6)$$

其中，y 表示各地区的地区生产总值，生产函数为三要素投入：资本（K）、劳动（L）和能源（R）。t 为时间趋势，表示技术变化。假定随机噪音误差项 v_{it}，$v_{it} \sim N(0, \sigma_v^2)$，$u_{it} \geq 0$ 为表示生产过程中的技术无效率项，并且 v_{it} 和 u_{it} 相互独立。

在式（5-6）的生产函数下，要素 K、L 和 R 的产出弹性分别为：

$$\varepsilon_K = \beta_1 + \frac{1}{2}\beta_6 \ln L_{it} + \frac{1}{2}\beta_7 \ln R_{it} + \beta_9 t \quad (5-7a)$$

$$\varepsilon_L = \beta_2 + \frac{1}{2}\beta_6 \ln K_{it} + \frac{1}{2}\beta_8 \ln R_{it} + \beta_{10}t \quad (5-7b)$$

$$\varepsilon_R = \beta_3 + \frac{1}{2}\beta_7 \ln K_{it} + \frac{1}{2}\beta_8 \ln L_{it} + \beta_{11}t \quad (5-7c)$$

规模效应弹性 $RTS = \sum_j \varepsilon_j$，$RTS<1$ 表示规模效益递减，$RTS=1$ 表示规模效益不变，$RTS>1$ 表示规模效益递增。那么规模效率则可以表示为 $SE = (RTS-1)\sum_j \lambda_j \dot{x}_j = (RTS-1)(\lambda_K \dot{K} + \lambda_L \dot{L} + \lambda_R \dot{R})$，$\dot{K}$、$\dot{L}$ 和 $\dot{R}$ 分别表示资本、劳动和能源要素的增长率。

技术进步为

$$TP = \frac{\partial \ln f(x,t)}{\partial t} = \beta_4 + \beta_5 t + \beta_9 \ln K_{it} + \beta_{10} \ln L_{it} + \beta_{11} \ln R_{it} \quad (5-8)$$

2. 随机前沿生产函数模型

本书采用巴特尔和科埃利（1995）的随机前沿模型，模型定义如下：

$$y_{it} = f(x_{it}, t)\exp(v_{it} - u_{it}) \quad i=1,\cdots,N \quad t=1,\cdots,t$$

$$v_{it} \sim N(0, \sigma_v^2), \quad u_{it} \sim N^+(m_{it}, \sigma_u^2), \quad m_{it} = z_{it}\delta, \quad \sigma^2 = \sigma_v^2 + \sigma_u^2,$$

其中，z_{it} 为影响某地区生产的技术效率的外生变量构成的向量，也叫环境变量构成的向量，δ 为参数向量。其他变量的含义同式（5-1）。σ_u^2 和 σ_v^2 为常量，复合残差项的方差为 $\sigma^2 = \sigma_v^2 + \sigma_u^2$，定义 $\gamma = \frac{\sigma_u^2}{\sigma_u^2 + \sigma_v^2}$，显然，$0 \leq \gamma \leq 1$，可以对 γ 进行检验，判断技术效率是否损失。

定义技术效率 $TE_{it} = \exp(-\hat{u}_{it})$，表示第 i 个地区在时间 t 的技术效率水平。一般情况下，无效率项 $\hat{u}_{it}$ 大于等于 0，这样可以确保技术效率值大于 0 而小于 1。当 $\hat{u}_{it} = 0$ 时，生产有完全效率，则 $TE_{it}=1$，此时该地区的生产位于生产前沿上，前沿生产函数模型退化为确定性生产函数模型。若 $\hat{u}_{it} > 0$，则 $0 < TE_{it} < 1$，此时该地区的生产位于生产前沿之下。γ 表示技术无效率对实际产出偏离前沿产出的影响程度：若 $\gamma = 0$，表示实际产出偏离前沿产出完全由白噪音引起；若 $\gamma = 1$，表明

随机误差并不是实际产出与前沿产出产生差距的原因,而真正的原因是生产的无效率。

3. 模型的假设

为了检验模型是否适合此种情况,本书假定:

①H_0:$\beta_5=\beta_6=\beta_7=\beta_8=\beta_9=\beta_{10}=\beta_{11}=0$,使用柯布—道格拉斯生产函数作为生产前沿函数;

②H_0:$\beta_4=\beta_5=\beta_9=\beta_{10}=\beta_{11}=0$,即没有技术进步;

③生产要素是否与技术进步独立的假设,即技术进步是否是中性,检验技术进步是否中性的原假设 H_0:$\beta_9=\beta_{10}=\beta_{11}=0$;

所有的假设都使用广义似然率统计量 $\lambda=-2\ln L(H_0)/L(H_1)$ 来检验,$L(H_0)$、$L(H_1)$ 分别为原假设与备择假设的似然函数值,因为很多软件报告的是对数似然函数值,所以使用 $\lambda=-2(\ln(L(H_0))-\ln(L(H_1)))$ 计算更方便,$\ln(L(H_0))$,$\ln(L(H_1))$ 分别为原假设和备择假设前沿模型的对数似然函数值。如果 H_0 成立,那么检验统计量 λ 服从混合卡方分布,该卡方分布自由度为约束变量的个数。

4. 一步法与两步法

复合残差项 v_{it} 和 u_{it} 都和回归的解释变量无关,它们具有独立的分布。v_{it}、u_{it} 的联合分布有如下四种形态:正态—指数、正态—伽玛、正态—半正态(非负)、正态—截断正态。生产效率值和使用的分布密切相关,不同的分布将会导致生产效率的不同。我们采用极大似然估计方法,该方法在这种情况下被证明是有效的,同时经过证明,截距项的估计量为一致估计量。本书采用极大似然估计方法、复合残差采用正态—截断正态联合分布进行估计。

早期的随机前沿模型的实证研究分两步进行:第一步,对随机前沿的生产函数进行估计;第二步,考虑到无效率部分大于等于0,故可以选取截断回归(Tobit Regression)方法,建立回归方程组,重新估计外生变量与无效率项。但是两步法也具有局限性：为了使用两步法，我们首先假定外部变量与投入要素不相关，如果相关的话，遗漏变量会使得上一步系数的估计和复合残差的方差的估计不是无偏估计，而是有偏估计，上一步的有偏估计量又会导致接下来的效率方程系数的估计也是有偏的；其次，模型假定无效率项的分布相同，但在生产效率方程中，随着外部变量的变化，生产效率项是变化的，这是有矛盾的。一步回归法能解决两步回归法的这两个问题，它将环境影响变量直接包括进分析框架，然后使用非线性最小二乘法或极大似然法进行估计。黄宏仁和施密特证实了一步法优于两步法，他们是使用蒙特卡罗模拟方法来验证的。

第二节 变量的选择与数据说明

我们的样本为中国内地 1990—2008 年 29 个省份的省际面板数据（由于重庆数据不连续，我们将重庆合并至四川省，西藏部分数据缺失，因此剔除），总共 551 个观测结果。之所以选择 1990 年以后的数据，是因为 1990 年前后中国经济运行机制发生了较大的变化（吴敬琏，2003）。数据主要来自历年的《中国统计年鉴》和《新中国六十年统计资料汇编》，具体指标说明如下：

一 投入产出变量

产出变量（Y_{it}）：这里采用各省份生产总值 GDP 作为衡量经济增长的基本指标，利用各省份生产总值缩减指数对 GDP 进行折算，基期为 1990 年。三个投入变量分别为资本、劳动和能源。

资本（K_{it}）：固定资本存量应该为直接或间接构成生产能力的资本总存量，既包括直接生产和提供各种物质产品和劳务的固定资产和流动资产，也包括为生活服务的各种服务及福利设施的资产，如住房等。目前的统计年鉴并没有直接给出相应的年度存量数据，在此借鉴复旦大学张军（2004）在《中国省级物质资本存量估算：1952—2000》一文中使用的方法。依据永续盘存法 $K_t = (1-\delta_t)K_{t-1} + I_t$ 计算资本存量序列，式中 K_t 表示第 t 期期末的固定资本存量，I_t 示第 t 期的实际投资，δ 为固定资本的折旧率。①我们采用的当年投资指标能够较好地衡量当年投资 I 的合理指标——固定资本形成总额。②对于投资品价格指数，《中国统计年鉴》公布了1991年之后的固定资产投资价格指数。所以我们可以直接采用统计年鉴估计的数据，再利用固定资本形成总额和固定资产投资价格指数可以得到按1990年不变价格计算各省各年的投资数。③固定资本经济折旧率 δ 的选择，本书采纳张军等（2004）的关于固定资本总体经济折旧率的估算方法和估算结果，即 $\delta = 9.6\%$。

劳动（L_{it}）：各地区劳动力采用社会从业人员指标。

能源（R_{it}）：这里各个省份能源利用状况使用能源消费总量指标代表，统计的数据来自《新中国六十年统计资料汇编》以及各年度《中国能源统计年鉴》。

二 环境变量

本章主要从人力资本和制度两个方面提出了影响各地区技术效率的指标体系。

1. 人力资本变量（H）

20世纪60年代，舒尔茨在美国经济学年会发表了《人力资本投资》的演讲，舒尔茨的研究成果极大地推进了人力资本理论的研究。根据舒尔茨的理论，人力资本不同于可以量化的物质资本，它是人所拥有的一种能力或技能，这种能力能在未来一段时间内获得物质回报，而且随着时间的推移，这种能力能够进一步地增值。根据他的理论，在经济增长中人力资本是一切投入资源中最主要的资源，且人力资本的作用要大于物质资本。因此，人力资本是影响经济增长生产率水平的重要因素之一。他还认为，教育具有重要的作用，它是形成和提高人力资本的主要方法，教育能提高人力资本的生产技术水平，具有良好技术水平的人力资本反过来又可以改进技术，进一步促进技术的发展。所以，我们可以选取受教育年限法，作为评价测量人力资本的重要参考值。我们选取傅晓霞等（2006）的研究方法，以区域内居民平均受教育程度（受教育的时间长短）来测度该区域的人力资本水平。考虑的对象是 6 周岁及以上居民，指标为该区域人口平均受教育的年数，受教育的年数设置为文盲为 0 年、小学为 6 年、初中为 9 年、高中为 12 年、大专及以上为 16 年。具体处理为：$H = prim^* 6 + juni^* 9 + seni^* 12 + coll^* 16$，其中 $prim$、$juni$、$seni$、$coll$ 分别表示各文化层次居民占该地区 6 周岁及以上居民人口总数的百分比，H 表示人力资本量。

2. 制度因素

中国自 20 世纪 70 年代末开始，一直致力于建设社会主义市场经济制度，在 21 世纪初加入 WTO 后，也逐步按照 WTO 的市场经济制度指导经济建设，建立市场为导向的经济制度一直是中国经济发展的目标，经过数十年的发展，市场经济制度已经在不少经济领域开始发挥作用。诺斯（1989）的研究也表明，制度对经济增长的影响不容小觑，即使在技术水平不变的情况下，通过制度的革新也能促进经济的增长，继而，他提出了著名的制度因素内生的经济增长模型。他认为地区技术效率最重要的影响因素是制度因素，制度因素决定了地区吸收先进技术、改善能源配置和提高劳动效率的能力。1993 年，诺斯的体制经济学说获得了诺贝尔奖，从此，把制度因素纳入经济增长的分析框架成为经济学的一个新兴领域。本书对制度因素的衡量借鉴金玉国（2001）在研究制度因素对经济增长的贡献时所采用的 4 个指标，即国家财政收入占 GDP 比重、非国有化率、对外开放程度、市场化程度。具体为：①产权制度（insti），本书使用各省份工业总产值中非国有经济的份额作为产权制度的衡量因子。②外资因素（fdi），按照通常的做法，我们以各省份实际利用外资金额占 GDP 的比重来表示。《中国统计年鉴》公布的实际利用外资金额是按美元统计的，换算成人民币时使用的是《中国统计年鉴》公布的美元—人民币兑换汇率。③国际贸易（open），考察贸易对增长的影响通常要排除国家规模的影响（沈坤荣、李剑，2003），因此我们以各省份进出口贸易总额占 GDP 的比重来表示。④财政制度（gov），财政支出是政府体现其职能的主要方法，我们采用以财政支出占 GDP 的比重作为财政分权的替代变量。

因此，技术效率模型为：

$$m_{it} = \delta_0 + \delta_1 H_{it} + \delta_2 insti_{it} + \delta_3 gov_{it} + \delta_4 fdi_{it} + \delta_5 open_{it} \quad (5-9)$$

δ_1、δ_2、δ_3、δ_4、δ_5 分别表示相应的环境变量对技术效率的影响程度。

第三节 研究结果及分析

一 模型的估计结果与检验

本章的估计方法为三阶段最大似然估计（Three step maximum likelihood estimation），使用 Frontier 4.1 软件（Coelli，1996）。估计出的各参数结果见表 5-1。

表 5-1　　　　　　随机前沿生产函数和技术效率模型估计结果

随机前沿生产函数	参数	系数	标准误	技术效率模型	参数	系数	标准误
截距	β_0	0.3347	2.6503	截距	δ_0	1.8832	2.4994
$\ln K$	β_1	0.8804	1.4310	H	δ	-0.1035	0.1346
$\ln L$	β_2	1.0803***	0.6836	$insti$	δ_2	-0.02348***	0.3025
$\ln R$	β_3	-0.9712***	0.2472	gov	δ_3	2.2123***	0.2590
t	β_4	0.0469	0.1866	fdi	δ_4	-2.4778***	0.7208
$\frac{1}{2}t^2$	β_5	0.0028*	0.0016	$open$	δ_5	-0.1986***	0.0264
$\frac{1}{2}(\ln K)(\ln L)$	β_6	-0.3180***	0.1023		γ	0.9999***	0.0002
$\frac{1}{2}(\ln K)(\ln R)$	β_7	0.1929	0.2344		σ^2	0.0260***	0.0113
$\frac{1}{2}(\ln L)(\ln R)$	β_8	0.1056***	0.0166				
$t(\ln K)$	β_9	-0.0077	0.0053				
$t(\ln L)$	β_{10}	0.0084	0.0087				
$t(\ln R)$	β_{11}	-0.0053***	0.002				

注：*表示在10%的显著性水平下显著，**表示在5%的显著性水平下显著，***表示在1%的显著性水平下显著。

为确保模型的正确性，需要对函数形式做如下检验，第1个假设为生产函数中所有的二次项系数都为0，若假设成立，则应该使用柯布—道格拉斯生产函数；第2个假设检验有无技术进步；第3个假设检验技术进步是否为中性。结果见表5-2。

表 5-2　　　　　　　模型的假设检验结果

零假设：H_0	对数似然值 $L(H_0)$	检验统计量 λ	临界值	检验结论
$\beta_5=\beta_6=\beta_7=\beta_8=\beta_9=\beta_{10}=\beta_{11}=0$	199.168	66.456	14.067	拒绝
$\beta_4==\beta_5=\beta_9=\beta_{10}=\beta_{11}=0$	166.743	131.306	11.070	拒绝

续表

零假设：H_0	对数似然值 $L(H_0)$	检验统计量 λ	临界值	检验结论
$\beta_9 = \beta_{10} = \beta_{11} = 0$	220.508	23.776	7.815	拒绝

注：无约束的对数似然值 $L(H_1) = 232.396$，5% 显著性水平下计算临界值，系数为 0 的变量个数为该分布的自由度。

从检验结果来看，3 个检验都拒绝原假设，因此我们采用有技术进步且技术进步非中性的超越对数生产函数进行分析。由表 5-1 可知：

（1）模型的总体方差 $\sigma^2 = \sigma_u^2 + \sigma_v^2$ 是生产波动幅度的反映，受到随机因素和无效率的影响，其值小于 1，表明随机误差项和无效率项波动幅度均不大。方差比 $\gamma = \sigma_u^2/\sigma_u^2 + \sigma_v^2$ 代表误差项方差中无效率方差的比重，其值越大，表明生产无效率对生产波动越具有解释力，同时也表明随机前沿模型比确定性模型更适合。这里 γ 为 0.9999，接近于 1，并且在 1% 的显著性水平下显著，说明随机误差项对生产的无效率基本不造成影响，影响总无效率的基本原因是生产的无效率。

（2）影响技术效率的因素主要有：人力资本、产权因素（工业总产值中非国有经济的份额）、财政因素（财政支出占 GDP 的比重）、外资因素（实际利用外资金额占 GDP 的比重）、贸易依赖度（进出口贸易总额占 GDP 的比重）。

根据技术效率的定义 $TE_{it} = \exp(-\hat{u}_{it})$，我们来分析技术效率模型的估计结果。

在技术效率模型的估计中，我们可以清楚地看到，财政支出比重与生产效率呈反方向变动：财政支出比重高的省份，技术效率较低；因为财政支出高比重的情况下，市场化程度较低，政府干预较多，更容易造成生产的无效率。

人力资本对技术效率水平有正的影响，人力资本水平高的地区，可以选取技术水平高的人力资源进行生产，这部分人效率更高，掌握先进技术，优势更大，同时在生产过程中的创新也能改进工艺，促进生产效率的提高。此外，人力资本不仅可以提高人们自身的生产效率，同时也可以提高教育投资的回报率，高的回报率会引导大家进一步地投资教育资源，产出具有更高生产能力的人力资本，高素质的人力资本又促进物质资本的利用，提高产业资本，同时会使人力资本的回报率提高，教育—人力资本—物质资本进入良性循环，共同提高这个社会的技术水平和生产效率。

实际利用外资金额越高，技术效率就越高。外资的进入，会带来先进的生产技术和先进的管理方法，这些对提高生产效率、节省开支都大有裨益。

进出口所占的百分比越高，技术效率就越高。贸易开放度可以促进国内竞争，鼓励技术模仿和创新，增加国内企业学习先进技术的机会，从而提高地区生产的效率。

非国有经济的份额系数为负，它与技术效率正相关；也就是非国有经济的份额越高，技术效率就越高。非国有经济越高代表市场化程度越高，因此，市场化有利于提高地区生产的效率。

根据表5-1估计的参数值和式（5-7）可以求出各要素的产出弹性，部分年份的资本、劳动、能源产出弹性结果见表5-3。

表5-3　　　　　　　　　　各要素产出弹性

ε 年份	1990	1993	1996	1998	2000	2002	2004	2006	2008
ε_K	0.4692	0.4493	0.4415	0.4262	0.4161	0.4112	0.4149	0.4139	0.4129
ε_L	0.4819	0.4704	0.4522	0.4337	0.4200	0.4086	0.3981	0.3784	0.3568
ε_R	0.0273	0.0415	0.0610	0.0724	0.0839	0.0960	0.1124	0.1325	0.1496

表5-3显示三种要素的产出弹性都大于0，说明这三个要素对经济的影响是积极的。资本的产出弹性在2000年之前是依次递减的，2000

年后基本稳定。劳动的产出弹性依次递减，这说明中国的劳动力还是比较充足的。能源的产出逐年递增，这反映中国高能耗产业的迅速发展，能源投入量快速增长，能源对经济的产出作用越来越强。整体来看，劳动要素对经济产出的贡献在减弱，资本基本维持不变，能源要素对经济产出贡献日益增加，可以看出中国劳动密集型产业正在逐渐被资本密集型和高能耗产业所替代。对于劳动力相对富裕但能源相对紧缺的中国来说，高能耗产业必将逐步淘汰，它造成大量的环境污染与能源浪费，不符合科学发展观，不利于经济社会的健康持续发展。

二 中国各地区技术效率特征分析

从横向分析，图 5-2 显示了中国各省份 1990—2008 年技术效率的平均值。技术效率排名第一的是上海，广东和天津位列第二、第三位，这说明这三个省份的生产点与产出前沿面的距离最小。东部地区除河北外其余普遍高于全国平均水平；中部地区 8 个省份普遍接近全国平均水平；西部地区 10 个省市区则普遍低于全国平均值。青海技术效率最低，接下来是贵州和广西，都集中在西部地区。这反映了经济越发达的地方，技术效率越高。

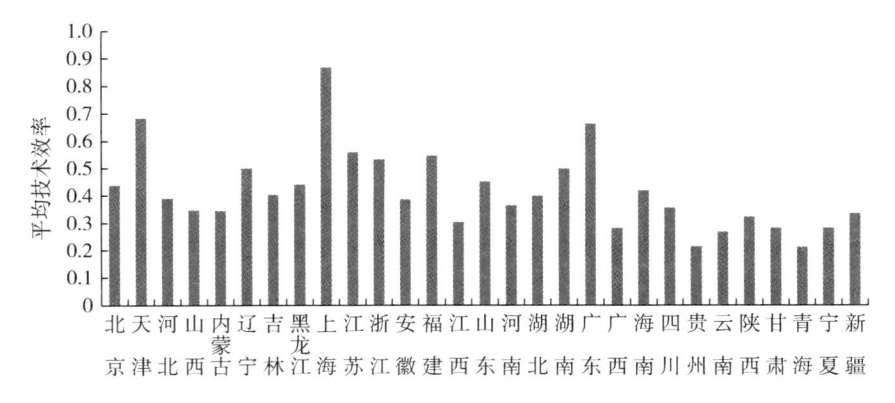

图 5-2　中国各省份 1990—2008 年技术效率的平均值

从纵向看，各地区技术效率的历年平均值变化曲线见图 5-3。可知：（1）技术效率东部位列第一、中部位列第二、西部位列第三。东、中、西部之间的技术效率基本保持相当的差距。这与多数研究的结果是一致的。（2）从 1990 年到 2008 年，各地区技术效率基本呈现随时间推移而不断增长的趋势。

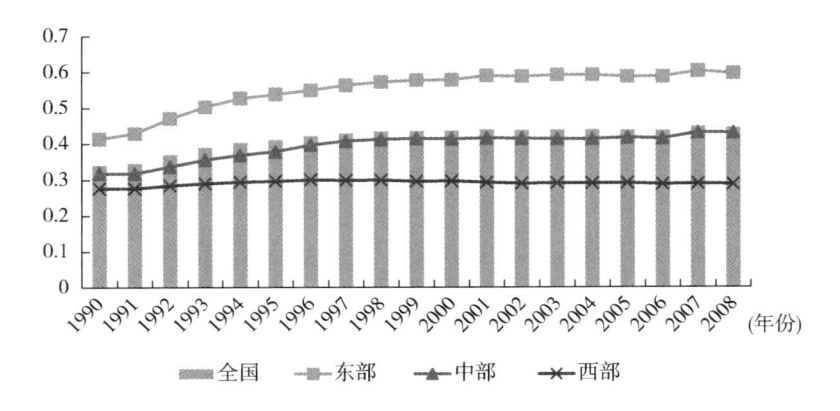

图 5-3 各地区技术效率的历年平均值变化曲线

三 全要素生产率增长率的分解结果

我们结合表 5-1 的估计结果和全要素生产率的分解模型，可将中国不同地区的全要素生产率增长率进一步分解为技术效率变化率、规模效率、技术进步，通过分别测度这三部分对全要素生产率增长率的影响，我们可以挖掘经济增长的主要驱动力。各区域各种变化率和贡献率见表 5-4，受篇幅所限，本章只给出部分年份的数值。

表 5-4　　　　　　　　　　TFP 增长率区域差异及分解

区域	年份	1991	1995	2000	2003	2005	2008	平均	贡献率（%）
东部	$T\dot{F}P$	0.0524	0.0402	0.0272	0.0364	0.0233	0.0264	0.0465	
	TP	0.0183	0.0240	0.0323	0.0372	0.0399	0.0442	0.0314	67.60
	$T\dot{E}$	0.0365	0.0211	0.0015	0.0066	-0.0081	-0.0106	0.0208	44.85
	SE	-0.0024	-0.0048	-0.0067	-0.0074	-0.0085	-0.0072	-0.0058	
中部	$T\dot{F}P$	0.0203	0.0530	0.0318	0.0348	0.0481	0.0405	0.0500	
	TP	0.0216	0.0294	0.0396	0.0443	0.0469	0.0500	0.0374	74.91
	$T\dot{E}$	-0.0006	0.0258	-0.0021	-0.0028	0.0090	-0.0020	0.0172	34.31
	SE	-0.0008	-0.0023	-0.0056	-0.0067	-0.0077	-0.0075	-0.0046	
西部	$T\dot{F}P$	0.0227	0.0383	0.0403	0.0438	0.0427	0.0394	0.0380	
	TP	0.0251	0.0324	0.0415	0.0456	0.0474	0.0511	0.0395	103.80
	$T\dot{E}$	-0.0013	0.0077	0.0030	0.0040	0.0004	-0.0060	0.0023	6.08
	SE	-0.0010	-0.0018	-0.0042	-0.0058	-0.0051	-0.0056	-0.0038	
全国	$T\dot{F}P$	0.0364	0.0442	0.0329	0.0389	0.0356	0.0342	0.0462	
	TP	0.0216	0.0284	0.0375	0.0420	0.0444	0.0482	0.0359	77.54
	$T\dot{E}$	0.0163	0.0189	0.0009	0.0056	-0.0017	-0.0073	0.0151	32.75
	SE	-0.0015	-0.0031	-0.0055	-0.0066	-0.0071	-0.0067	-0.0048	

从表 5-4 可以看出：（1）技术进步。东中西部的技术进步一直具有上升趋势。三大地区前沿技术进步内部差别不大，而地区间有较大落差，分布呈阶梯形式，总结下来，西部最高，中部次之，东部最低。我们给出这种现象的解释是：这一段时期，由于国家开展了西部大开发战略，西部地区各省份大量从国外引进先进的生产技术和管理经验，迅速地提高了生产效率，由于西部地区技术水平相对落后，引进的技术对产业的发展效果比东部地区更为明显，可以在短时间内迅速大幅提高生产力。（2）技术效率变化率。在考察区间内，各个省份技术效率随时间的变化波动不明显，东中西部的技术效率有正有负，西部地区多数年份数值为负，东中部地区技术效率变化率差异不大。（3）规模效率。三个地区的规模效率都小于 0，这意味着规模报酬收

益逐年减少，无论从地方看还是从国家看都具有下降趋势。这与傅晓霞、吴利学（2006）的研究结果相同。总体来看，西部略高，中部次之，东部最低。(4) 全要素生产率增长率。技术进步对全要素生产率增长率的作用最大。三个地区技术进步对全要素生产率的贡献率分别为 67.6%、74.91% 和 103.8%。技术效率变化率东部为 44.85%，中部为 34.31%，西部很小。规模效率对全要素生产率的影响为负。图 5-4 绘制了三个地区全要素生产率增长率的变化情况。

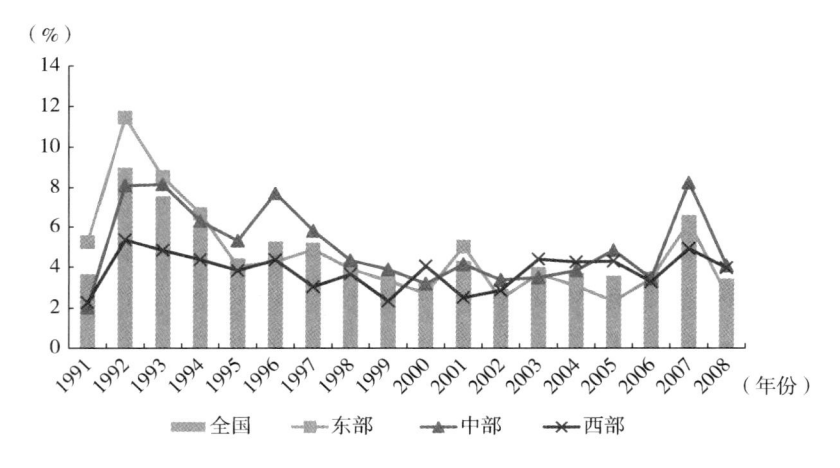

图 5-4 各地区全要素生产率增长率变化曲线

从图 5-4 可知各地区全要素生产率增长率波动基本一致，20 世纪 90 年代初期达到峰值，1995 年以后各地区全要素生产率增长率变化不大。这可能是因为 90 年代初期中国明确提出建立社会主义市场经济体制的改革目标，加快了要素市场和财税体制的改革进程，经过数十年的建设，中国的市场经济体制建设取得了长足的进步。而进入 20 世纪 90 年代中期后，全要素生产率的下降可能是由于改革风险加大以及国外经济风险冲击等因素综合作用的结果。

第四节 本章小结

本章采用各省份面板数据,借助随机前沿模型和超越对数生产函数考察了1990—2008年考虑能源投入的中国区域技术效率和全要素生产率增长率的波动,对技术效率进行了估计,对全要素生产率增长率进行剖析。分析表明:

(1) 对全要素生产率增长因素的分解研究说明:技术进步对全要素生产率增长率的贡献最大,其影响程度远大于技术效率的改进。这说明在发展中,我们仅仅对引进先进技术抱有热情,而对技术效率的改进缺乏应有的重视,改进技术效率有利于提高能源的使用效率,促进资源的合理配置。因此,改进技术效率因素应该与技术进步同等重要,也能发挥巨大的作用。

(2) 通过对各地区技术效率的分析发现,东部地区的技术效率最高,其次是中部和西部。非国有经济份额越高,表明地区的市场化程度越高,地区的技术效率就越高。对外开放程度和人力资本存量从正面影响技术效率。政府支出比重越高,地区技术效率越低。

(3) 三种要素的产出弹性为正,资本产出弹性始终保持最大,劳动的产出弹性逐渐减小,能源的产出弹性逐年增加。这说明劳动密集型产业正在逐步被高污染高能耗和资本密集型产业所取代,从长期来看,这种高能耗高污染的产业不利于经济社会的持续健康发展。

(4) 对于技术进步指标,东部地区低于中、西部地区,而技术效率指标刚好相反,现阶段正处于规模报酬递减阶段。

本章的经验结论所蕴含的政策启示是:

首先,在经济发展中,政府最先要做的是完善市场经济体制。具体来讲,东部地区要在市场经济体制框架已基本建立的基础上,不断完善市场经济体制和所有制结构。而中、西部地区应加快市场化进程，深化产权制度改革。特别是要适当减少政府对经济的干预程度，让市场在经济中充分发挥作用。另外，要进一步加强人力资本投资，注重人力资本的积累，并在保持对东部地区人力资本投资的基础上，加大对中、西部地区的人力资本投资力度。提高人力资本最直接的方式是提高教育水平，因此，政府要坚持把教育放在优先发展的战略地位，加快各级各类教育发展；中央和地方政府要加大对各层次教育的支持力度；政府还应重视教育投入的效率、改善教育环境。

其次，还要适当减少政府财政支出比重，坚持改革开放，加强引进外资，引进先进的生产管理经验。当前，中国的政府机构确实在减少，人员也在减少，但政府的活动成本却越来越高，这使得生产效率越来越低，导致全要素生产率增速下降。

最后，我们注重技术进步的同时，应注重技术效率的提高。不能一味地引进先进技术，忽视对现有能源的合理利用与配置，忽视对技术效率的提高，避免造成对现有能源的巨大浪费。

第六章　考虑能源和环境因素的中国区域经济增长研究

改革开放以来中国经济保持了 40 多年的持续高速增长，被学术界称为"中国奇迹"。但是，吴敬琏（2006）和林毅夫等（2007）分别指出，中国经济的高速增长主要是依靠要素的大量投入而非全要素生产率（TFP）的提升来拉动的。金碚（2006）认为，经济增长依靠耗费大量资源和环境粗放式增长方式是不可持续的。高消耗换来的增长，导致废弃物排放增多，环境污染严重。已有资料显示，2009 年，全国 203 条河流中Ⅰ—Ⅲ类、Ⅳ—Ⅴ类和劣Ⅴ类水质的断面比例分别为 57.3%、24.3% 和 18.4%。全国 26 个国控重点湖泊（水库）中，满足Ⅱ类水质的仅 1 个，占 3.9%；满足Ⅲ、Ⅳ、Ⅴ类水质的分别有 5、6、5 个，分别占 19.2%，23.1%，19.2%；劣Ⅴ类的有 9 个，占 34.6%。由此，如何在提高经济增长的同时尽量减少经济活动对环境产生的负面影响是中国急需解决的问题。

为了尽可能地减少环境污染的影响，中国加大了治理环境污染的投入和力度，加快了相应的技术和设备的引进，制定了更多更为严格的环境保护制度。与此相对应，正确评价中国经济发展质量应在传统全要素生产率的基础上考虑能源和环境因素的影响。因此，这一章在考虑能源和环境因素的基础上，以中国 30 个省份的要素投入和产出数据为样本，测算了中国东、中、西部地区的环境全要素生产率、环境技术效率与技术进步指数，合理评价了自 2000 年以来中国 3 大区域的经济发展质量。

本章的结构如下，首先介绍了中国环境污染的现状，其次测算了考虑能源和环境因素的中国区域经济的环境技术效率及全要素生产率，最后分析了环境技术效率的影响因素。

第一节 中国的环境压力

污染废弃物排放的数量决定了环境负荷的大小，而负荷引起的危害则取决于环境对废弃物的吸收能力，一旦排放负荷超过吸收能力，污染物就在环境中积累起来。污染废弃物根据环境对其的吸收能力分为累积性污染物和基金污染物。

环境对其没有或只有很小吸收能力的污染物是累积性污染物（Stock pollution）。当其进入环境时，累积性污染物随着时间不断积累，比如：丢在路边不可生物降解的瓶子；铅等重金属在排放源附近的土壤里累积；持久性人造化合物，如二氧芑和聚氯联二苯（多氯联苯）。

环境对其有一定吸收能力的污染物是基金污染物（Fund pollution），只要这类污染物的排放速率不超过环境的吸收能力，污染物就不会累积。比如：很多有机污染物注入富氧的溪流时会被其中的细菌转化成危害较小的无机物，二氧化碳可被植物和海洋吸收（蒂坦伯格、刘易斯，2011）。

目前学者们考虑的主要环境污染物有二氧化硫、化学需氧量、二氧化碳等。

一 中国污染物排放的基本情况

改革开放以来，中国走的是粗放式经济发展之路，高速的经济发展依靠的是能源的高投入，污染物的高排放，能源的低效使用造成了有限能源的巨大浪费,这对社会环境也带来了巨大的影响。

"十一五"期间,中国政府按照"十一五"规划的明确要求,在宏观层面指导经济发展,将节能减排提高到新的战略高度,在"十一五"末期取得了一定的成绩,在各级政府的努力下,主要污染物的排放量在不断降低,统计比较分析 2009 年和 2010 年数据,我们可以看到,2010 年的主要污染物如二氧化硫、工业粉尘、烟尘排放、化学需氧量、工业固体废弃物和氨氮的排放总量分别下降了 1.3%、14.3%、2.2%、3.1%、29.9%、1.9%,虽然取得了不错的成绩,但是污染排放总量依然巨大,环境污染形势依然严峻(见表 6-1)。

表 6-1　　　　　2000—2010 年中国主要污染物排放量　　　　单位:万吨

指标＼年份	2000	2005	2006	2007	2008	2009	2010
二氧化硫排放总量	1995.1	2549.4	2589.0	2468.1	2321.2	2214.40	2185.10
工业	1612.5	2168.4	2235.0	2140.0	1991.3	1865.90	1864.40
生活	382.6	381.0	354.0	328.1	329.9	348.50	320.70
烟尘排放总量	1165.4	1182.5	1089.0	986.6	901.6	847.70	829.10
工业	953.3	948.9	864.0	771.1	670.7	604.40	603.20
生活	212.1	233.6	224.0	215.1	230.9	243.30	225.90
工业粉尘排放总量	1092.0	911.2	808.0	698.7	584.9	523.60	448.70
化学需氧量排放总量	1445.0	1414.2	1428.0	1381.9	1320.7	1277.50	1238.10
工业	704.5	554.7	542.0	511.1	457.6	439.68	434.77
生活	740.5	859.4	887.0	870.8	863.1	837.86	803.29
氨氮排放总量	—	149.8	141.0	132.4	127.0	122.60	120.30
工业	—	52.5	42.0	34.1	29.7	27.35	27.28
生活	—	97.3	99.0	98.3	97.3	95.26	93.01
工业固体废弃物排放总量	3186.2	1654.7	1302.0	1196.7	781.8	710.50	498.20

资料来源:历年《中国统计年鉴》。

我们来看以二氧化硫为代表的废气污染和以化学需氧量(COD)

为代表的水污染，2000—2010 年二氧化硫排放和化学需氧量排放趋势图见图 6-1、图 6-2。

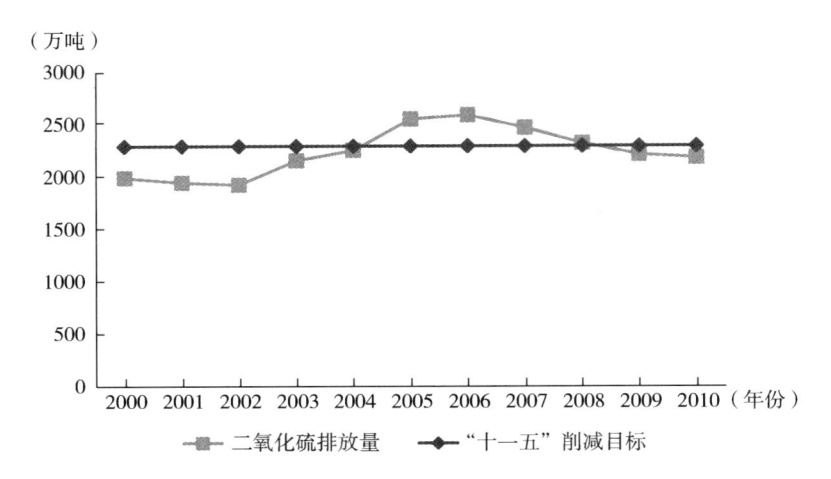

图 6-1　2000—2010 年二氧化硫排放趋势

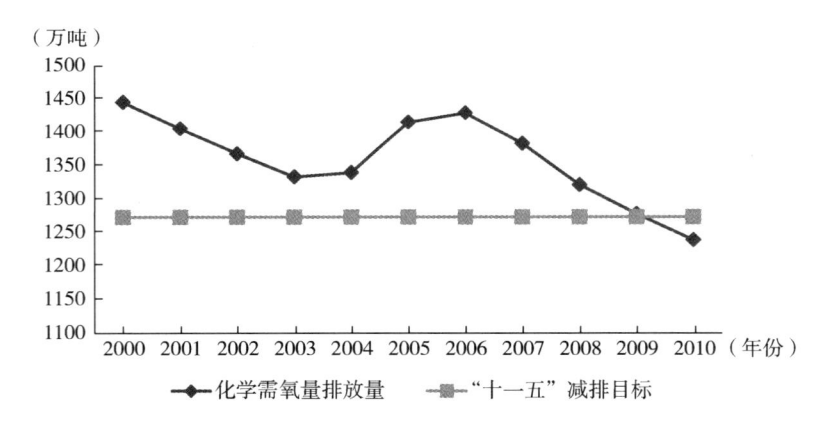

图 6-2　2000—2010 年化学需氧量排放趋势

2000—2004 年，因工业的发展产生的二氧化硫排放量增加了 17.3%，总的二氧化硫排放量增加了 13%。2005 年，中国的二氧化硫排放量位居世界第一，达到了创纪录的 2549 万吨。2006 年二氧化硫排放总量达到最高，为 2589 万吨。2006 年年初，《国家经济和社会发展第十一个五年规划纲要》明确要求在"十一五"期间,将主要污染物的排放量降低10%,以此作为指导经济发展的强制约束条件。在各级政府的持续努力下,2007—2009年,二氧化硫的排放量逐年降低,并提前一年完成了减排的目标。在实施减排的过程中,使用了多种手段以确保减排目标的完成,比如大量运用先进技术提高生产工艺,减少能源的浪费,同时控制能源的无序开发开采,对能源结构进行科学的调整。虽然取得了不错的成绩,但中国的二氧化硫排放量仍是世界第一。除二氧化硫外中国面临的其他大气污染压力也非常大。从PM2.5测量就可以看出,像北京、上海、广州这样的超大型城市,雾霾、灰霾天气时常出现,重度污染天气也不鲜见,日益凸显的环境问题已经影响到了大家的健康,给整个社会也造成了巨大的负担。

中国的化学需氧量排放量从2006年后逐年减少,但排放总量仍然庞大。2000—2003年,化学需氧量下降了8.4%。2004—2006年化学需氧量排放量稍有回升,但还是低于2000年的排放量。2006年提出的"十一五"规划要求全国主要污染物排放总量减少10%,在各地区、各部门的共同努力下,2007年后全国化学需氧量排放量逐年下降,到2010年化学需氧量的"十一五"减排目标顺利实现。2010年,全国废水中化学需氧量排放量为1238.1万吨,比上年下降了3.1%。

当前中国经济快速增长的推动力还是来源于大量的能源消费,而中国的能源利用率相对世界平均水平来说较低,造成了中国环境污染程度相对世界平均水平较高。除二氧化硫外,全球共同关注的环境污染物就是二氧化碳了。随着发达国家所敦促的全球低碳经济运行体系逐步完善,相对落后的环境条件势必削弱中国的国际竞争力。

二 中国二氧化碳排放量及国际比较

全球气候的变化问题已经成为各国关注的焦点。作为能源消费、污染排放的大国，在节能减排、治理环境方面中国面临着巨大的压力。

一氧化碳、二氧化碳、甲烷、臭氧以及水汽等是产生温室效应的主要气体。其中二氧化碳对全球变暖的贡献量超过一半，而二氧化碳的排放主要来自煤、石油与天然气这些人类赖以生存的化石能源。只有控制好了二氧化碳的排放，才能在源头上很好地解决全球变暖的问题。

按照《世界经济年鉴 2009》的划分方法，全球经济体可以划分为发展中经济体、新兴经济体、发达经济体，本书选取了10个国家，其中发达经济体为美国、德国、法国、日本、英国、韩国，4个新兴市场及发展中国家分别为俄罗斯、巴西、印度、中国，对这10个国家的二氧化碳排放进行分析。从表6-2可以看出，2006—2010年，中国二氧化碳排放量由5817.1Mtc增至8321.0Mtc，增长了43%，在全世界排放量中所占的比重也在增加，由20.1%增长到26.2%，而作为能源消费大国的美国所占的比重在降低，它由先前的20.5%下降到17.7%。二氧化碳排放量除了俄罗斯基本维持不变外，其他国家涨跌不一，降低的主要是发达资本主义国家，比如英国、法国、德国，韩国也出现了下降的趋势，而排放量上涨的国家主要是发展中国家，比如同为"金砖国家"的中国、巴西和印度，还包括传统能源消费的大国美国和日本。我国的二氧化碳排放量在2007年一举超过美国，成为世界头号碳排放大国，在2007年，中国消耗的能源不到美国的一半，但是二氧化碳排放总量比美国多，这与中国以煤炭为主的能源结构有关，中国以煤为主的能源约占70%，而美国仅为24%。

表6-2　　　　　2006—2010年部分国家二氧化碳排放总量　　　　单位：Mtc

国家\年份	2006	2007	2008	2009	2010
美国	5914.5	6015.8	5835.4	5427.1	5610.1
中国	5817.1	6184.1	6721.4	7204.9	8321.0
俄罗斯	1621.7	1566.4	1631.0	1448.5	1633.8
日本	1239.9	1254.4	1215.5	1104.6	1164.5
印度	1282.7	1368.4	1474.2	1622.7	1695.6
德国	850.6	827.2	823.1	763.0	793.7
法国	416.4	423.1	428.5	395.5	395.2
韩国	75.7	62.9	69.6	67.1	63.7
巴西	383.1	400.4	426.5	414.7	453.9
英国	585.5	569.9	563.9	519.0	532.4
世界	28885.3	29590.4	30318.0	29777.7	31780.4

资料来源：http://www.eia.gov/cfapps/ipdbproject/IEDIndex3.cfm?tid=90&pid=44&aid=8。

我们用每单位GDP所产生的二氧化碳排放量表示碳排放强度，即每生产一单位货币GDP排放的二氧化碳。国家间进行的减排谈判的主要依据就是碳排放强度，表6-3列出了按汇率法和购买力平价法计算的中国与世界各国的碳排放强度的比较。

表6-3　　　　　2006—2009年部分国家碳排放强度　　　　单位：千克/美元

国家	按汇率法计算的二氧化碳/GDP				按购买力平价法计算的二氧化碳/GDP			
	2006年	2007年	2008年	2009年	2006年	2007年	2008年	2009年
美国	0.53	0.51	0.50	0.48	0.53	0.51	0.50	0.48
中国	2.75	2.59	2.58	2.45	0.66	0.62	0.62	0.59
俄罗斯	4.31	3.85	3.80	3.64	1.12	1.00	0.99	0.95
日本	0.24	0.24	0.24	0.23	0.35	0.35	0.34	0.33
印度	1.81	1.77	1.79	1.85	0.35	0.34	0.34	0.36
德国	0.42	0.40	0.39	0.38	0.38	0.36	0.35	0.34
法国	0.28	0.28	0.28	0.27	0.25	0.24	0.24	0.23

续表

国家	按汇率法计算的二氧化碳/GDP				按购买力平价法计算的二氧化碳/GDP			
	2006年	2007年	2008年	2009年	2006年	2007年	2008年	2009年
韩国	0.11	0.09	0.09	0.09	0.07	0.06	0.06	0.06
巴西	0.50	0.49	0.50	0.48	0.26	0.26	0.26	0.25
英国	0.35	0.32	0.32	0.31	0.33	0.31	0.31	0.30
世界	0.75	0.74	0.75	0.75	0.49	0.48	0.47	0.46

资料来源：二氧化碳排放总量为 IEA 官方数据，各国 GDP 为《中国能源统计 2011》数据，单位 GDP 的二氧化碳排放量为两者的比值。

无论是按汇率法还是按购买力平价法计算，中国、印度和俄罗斯的单位 GDP 所产生的二氧化碳排放都要高于世界平均水平。如果按照汇率法来核算，中国单位 GDP 的二氧化碳排放量远远超出世界平均水平，2009 年为世界平均水平的 3.27 倍。在中国每创造一美元 GDP 将要产生 2.45 千克的二氧化碳排放，这对环境会造成巨大的影响。如果按照购买力平价法来核算，2009 年中国每创造一美元 GDP 将要产生 0.59 千克的二氧化碳排放，相比汇率法这一排放量明显减少，但仍是世界平均水平的 1.28 倍。发展中国家巴西的排放水平却和许多发达国家接近，这主要是因为巴西以石油和水电为主要能源，煤炭的消费量很低。

中国的碳排放强度以及碳排放总量都位居世界前列，在控制温室气体排放的约束下，中国势必要减少能源的消耗，投入巨资进行技术升级，以提高能源的利用率和减少污染物的排放，这对中国经济的影响无疑十分巨大。

王金南等（2004）指出，中国对能源的消耗量不可避免地还将会保持高速的增长。他估计到 2020 年，中国的能源消费总量有可能达到 33 亿吨标准煤，其中，对原煤的消耗将达到 29 亿吨标准煤，二氧化碳的排放量将达到 17.80 亿吨。由此产生的二氧化碳排放对环境的改善将带来巨大的压力，也将对中国的可持续发展带来巨大的影响。

第二节 考虑能源和环境因素的经济增长研究简述

20世纪70年代，国外众多学者在研究经济增长理论时，开始同时考虑环境与能源因素，并将环境对经济的影响提到了新的高度。

潘纳优托（2000）把这些理论模型细分为以下四类：第一类是新古典增长模型，包含环境因素，此类模型是基于拉姆齐—卡斯—库普曼斯框架进行发展的，这类模型在效用函数和新古典生产函数中，将流量或污染存量当做自变量；第二类也是新古典增长模型，也考虑了污染因素，与第一类不同的是，这类模型把环境当做生产要素被引入效用函数和生产函数；第三类是在内生增长模型中考虑环境因素，该模型是对内生增长模型的扩展，在内生经济增长模型中，将环境质量和污染排放分别引入效用函数与生产函数，再在此框架下研究经济社会的可持续发展以及环境污染问题，国内大部分考虑环境在内的经济增长理论模型是在这个框架下做的；第四类是其他宏观理论模型。

在进行实证研究方面，一种思路是，从人均收入与环境质量的角度来研究环境污染问题，即著名的环境库兹涅茨曲线（EKC）。格罗斯曼等（1991）通过研究发现，污染问题同人的收入水平关系密切，在人均收入水平较高的情况下，污染随人均GDP的增加反而下降，而在人均收入水平较低的情况下，污染随人均GDP的增加而增加。后来，潘纳优托（1993）把人均收入和环境质量的这种特殊关系定义为库兹涅茨曲线。以后的学者针对这一假说开展了许多的研究，也产生了很多不同的形态结论。另一种思路是，研究在能源与环境因素下的技术效率和全要素生产率，这种研究方法的相关文献在本书的第二章进行了综述。

针对中国经济发展效率与发展的模式，已经有相当多的学者在考虑能源环境因素的情况下对技术效率和全要素生产率进行了研究，这些研究为笔者接下来的研究工作奠定了基础。

第三节　SBM 方向性距离函数和卢恩伯格生产率指标

一　考虑环境因素的生产可能性集（环境技术）

首先我们依照费尔等（2007）的研究方法，构造一个生产可能性集，这个可能性集同时包含"好""坏"产出，也就是环境技术，这样就能实现在生产率分析框架中引入能源环境。接下来，我们按照不同的省份构建生产前沿面，这里的每个省份被当做一个独立的生产决策机构。假设每一个省份使用 N 种投入 x（x_1, x_2, …, x_N）$\in R_N^+$，生产 M 种"好"产出 $y = $（$y_1$, y_2, …, y_M）$\in R_M^+$，并排放 I 种"坏"产出 $b = $（$b_1$, b_2, …, b_I）$\in R_I^+$。于是，在每一个时期 t 第 k 个省份的投入产出值为（$k^{k,t}$, $y^{k,t}$, $b^{k,t}$），其中，$t = 1$, …, T, $k = 1$, …, K。环境技术模型化为：

$$P^t(x^t) = \{(y^t, b^t): \sum_{k=1}^{K} z_k^t y_{km}^t \geq y_{km}^t, \forall m; \sum_{k=1}^{K} z_k^t b_{ki}^t = b_{ki}^t, \forall i;$$

$$\sum_{k=1}^{K} z_k^t \chi_{kn}^t \leq \chi_{kn}^t, \forall n; \sum_{k=1}^{K} z_k^t = 1, z_k^t \geq 0, \forall k\} \quad (6-1)$$

z_k^t 代表每一个横截面指标的观测值的权重，如果权重变量大于等于 0 且它们的和为 1 两个约束条件都成立的话，则代表可变规模报酬（VRS）；两个约束条件如果和为 1 的条件不成立，则表示不变规模报酬（CRS）。

$P^t(x^t)$ 为投入 x^t 所能生产出的"好"产出 y^t 与"坏"产出 b^t 的所有可能结果的集合，定义一个良好的环境技术需要满足的假设主要有：

(1)"好""坏"产出是"零和的"(null-joint)：如果 $(y^t, b^t) \in P^t(x^t)$ 且 $b^t = 0$，那么 $y_t = 0$。此假设表明"坏"产出为 0 时，"好"产出肯定为 0，这也意味着，如果生产出正的"好"产出，那么肯定有"坏"产出生产出来。"好""坏"产出是"零和的"假设确保了生产可能性边界通过原点。

(2)"坏"产出是弱可处置的（weakly disposable）：如果 $(y^t, b^t) \in P^t(x^t)$ 且 $0 \leq \theta \leq 1$，那么 $(\theta y^t, \theta b^t) \in P^t(x^t)$。这表明"坏"产出的减少是有成本的，这也意味着，投入一定时，"好"产出需要减少的话，"坏"产出必须也要减少，"坏"产出不减少，"好"产出是不会减少的。这个假设确保了凸的生产可能性边界。

(3) 投入 x^t 与"好"产出 y_t 是强可处置的（strong disposable）：如果 $x_1^t \geq x_2^t$，那么 $P^t(x_1^t) \supseteq P^t(x_2^t)$；如果 $(y_1^t, b^t) \in P^t(x^t)$ 且 $y_1^t \geq y_2^t$，那么 $(y_2^t, b^t) \in P^t(x^t)$。

二 SBM 方向性距离函数

经典的 DEA 方法是基于径向和基于角度展开的效率测度。基于角度的测度需要我们首先设置投入/产出导向（input/output oriented），基于角度的方法不能同时从产出和投入两个角度进行测度。如果选择基于径向，DEA 法在非零松弛的投入产出的情况下将不能发挥其作用，松弛变量造成的影响将无法进行测度。

如图 6-3，展示了最基本的方向性距离函数，在这种情况下投入因素固定不变，如果从 A 点移动到 B 点，表示"好""坏"产出分别增加和减少，这个运行轨迹是按照 $g = (g^y, g^b)$ 方向，这一过程实现了技术有效率。SBM 方向性距离函数是一种非径向、非角度的测度方法，决策单元（DMU）是从三个角度向生产技术前沿面移动的。

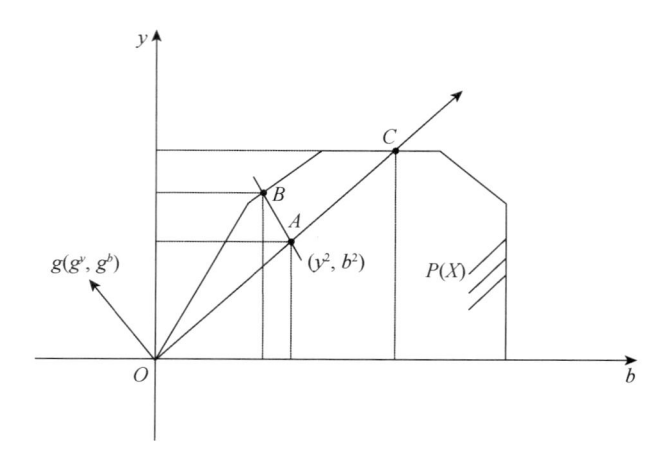

图6-3 生产可能性边界与方向性距离函数示意

托恩(2001)首先提出了基于松弛的(Slack-based measure,简称 SBM)非角度、非径向的测度方法,福山等(2009)进一步综合 SBM 测度方法与方向性距离函数,使用这一组合,技术效率的测度更为准确。

根据福山和韦伯(2009),同时考虑投入和"好"产出的效率损失函数为:

$$\vec{S}_v^t (x^{t,k'}, y^{t,k'}, g^x, g^y) = \max_{s^x,s^y} \frac{\frac{1}{N}\sum_{n=1}^{N}\frac{s_n^x}{g_n^x} + \frac{1}{M}\sum_{m=1}^{M}\frac{s_m^y}{g_m^y}}{2}$$

s.t. $\sum_{k=1}^{K} z_k^t x_{kn}^t + s_n^x = x_{k'n}^t, \forall n; \sum_{k=1}^{K} z_k^t y_{km}^t - s_m^y = y_{k'm}^t, \forall m;$

$\sum_{k=1}^{K} z_k^t = 1, z_k^t \geq 0, \forall k; s_n^x \geq 0, \forall n; s_m^y \geq 0, \forall m$ (6-2)

王兵(2010)在上述函数中加入环境变量,将其进一步扩展为:

$$\vec{S}_v^t (x^{t,k'}, y^{t,k'}, b^{t,k'}, g^x, g^y, g^b)$$

$$= \max_{s^x,s^y,s^b} \frac{\frac{1}{N}\sum_{n=1}^{N}\frac{s_n^x}{g_n^x} + \frac{1}{M+I}\left(\sum_{m=1}^{M}\frac{s_m^y}{g_m^y} + \sum_{i=1}^{I}\frac{s_i^b}{g_i^b}\right)}{2}$$

$$\text{s. t.} \sum_{k=1}^{K} z_k^t x_{kn}^t + s_n^x = x_{k'n}^t, \quad \forall n; \quad \sum_{k=1}^{K} z_k^t y_{km}^t - s_m^y = y_{k'm}^t, \quad \forall m;$$

$$\sum_{k=1}^{K} z_k^t b_{ki}^t + s_i^b = b_{k'i}^t, \quad \forall i; \quad \sum_{k=1}^{K} z_k^t = 1, \quad z_k^t \geq 0,$$

$$\forall k; \quad s_n^x \geq 0, \quad \forall n; \quad s_m^y \geq 0, \quad \forall m; \quad s_i^b \geq 0, \quad \forall i \quad (6-3)$$

$(x^{t,k'}, y^{t,k'}, b^{t,k'})$ 是各省份 k' 的投入和产出向量，(s_n^x, s_m^y, s_i^b) 表示松弛向量，用于投入和产出。由于线性规划的约束条件为等式，结合松弛变量前的不同符号，可以看出，当 (s_n^x, s_m^y, s_i^b) 均为正时，表示实际产出比边界的产出要小，实际的投入和"坏"产出比边界的投入和"坏"产出要大。当 (s_n^x, s_m^y, s_i^b) 取值为 0，这说明投入没有过剩、"好"产出没有不足，"坏"产出也不过剩。所以，(s_n^x, s_m^y, s_i^b) 表示生产投入松弛（Slack）和产出不足的向量。(g^x, g^y, g^b) 是表示投入和"坏"产出减少，"好"产出增加的大于 0 的方向向量。

上述模型对决策单元（DMU）的技术无效率水平进行了研究和测度：技术无效率水平同 SBM 方向性距离函数值、投入和产出松弛程度正相关。假如被测度省份处在生产技术前沿面上，此时必然有松弛向量为 0，同时目标函数值为 0。SBM 方向性距离函数与传统的方向性距离函数一样，其值越大表示效率水平越低，是一个表示技术无效率水平的指标。福山和韦伯（2009）研究了 SBM 方向性距离函数与传统方向性距离函数的关系，指出当不存在松弛效应时，两个测度相等；若存在松弛效应，则 SBM 方向性距离函数值大于传统的方向性距离函数。因而，传统的方向性距离函数低估了技术无效率水平。$\vec{s}_v^t$ 表示可变规模报酬（VRS）下的方向性距离函数；$\vec{s}_c^t$ 表示不变规模报酬（CRS）下的方向性距离函数，与 $\vec{s}_v^t$ 不一样，它的权重变量的和不需要为 1。

接下来，我们可以求解该线性规划方程，获取 i 省份在 t 时期基于环境考虑时的无效率值。为了获取无效率的具体来源，可以按照库珀等（2007）和王兵（2010）的方法，分解无效率值为以下几个部分：

投入无效率：$IE_x = \dfrac{1}{2N} \sum\limits_{n=1}^{N} \dfrac{s_n^x}{g_n^x}$

"好"产出无效率：$IE_y = \dfrac{1}{2(M+I)} \sum\limits_{m=1}^{M} \dfrac{S_m^y}{g_m^y}$

"坏"产出无效率：$IE_b = \dfrac{1}{2(M+I)} \sum\limits_{i=1}^{I} \dfrac{s_i^b}{g_i^b}$

需要说明的是，由于投入存在劳动力（L）、资本（K）和能源（E）等变量，"坏"产出也包括化学需氧量、二氧化硫和二氧化碳等多个因素，在对上面的公式进行进一步的分解后，可以更直观地得到导致无效率的具体因素，具体可以表示为：

$$IE = \underbrace{IE_K + IE_L + IE_E}_{\text{投入无效率}} + \underbrace{IE_{GPD}}_{\text{"好"产出无效率}} + \underbrace{IE_{COD} + IE_{SO_2} + IE_{CO_2}}_{\text{"坏"产出无效率}} \quad (6-4)$$

三 卢恩伯格生产率指标

早期测算生产效率的方法是谢波德产出距离函数（SDF），与此相对应的全要素生产率测度指标为费尔等（1994）提出的曼奎斯特生产率指数（Malmquist Productivity Index，简称 M 指数）。钟等（1997）在 M 指数基础上加入环境因素进行扩展得到 ML 指数。在使用 M 和 ML 指数前都需要选择测度的角度和方法（投入或者产出）。钱伯斯等（1996）提出了卢恩伯格生产率指标，它是一个新的不需要对测度角度进行选择的测度方法，可以同时考虑投入减少和产出增加。所以，M 和 ML 指数可以看成是卢恩伯格生产率指标的特殊形式。

按照钱伯斯等（1996）的研究成果，t 和 I_t 期之间的卢恩伯格生产率指标为：

$$LTFP_t^{t+1} = \frac{1}{2}\{[\vec{S}_c^t(x^t, y^t, b^t, g) - \vec{S}_c^t(x^{t+1}, y^{t+1}, b^{t+1}, g)$$
$$[\vec{S}_c^{t+1}(x^t, y^t, b^t, g) - \vec{S}_c^{t+1}(x^{t+1}, y^{t+1}, b^{t+1}, g)]\} \quad (6-5)$$

对于生产率的分解,我们参考王兵(2010)的建议,将卢恩伯格生产率指标分解为纯效率变化($LPEC$)、纯技术进步($LPTP$)、规模效率变化($LSEC$)和技术规模变化($LTPSC$)。

$$ETFP = LPEC + LPTP + LSEC + LTPCS$$

其中,$LEPC_t^{t+1} = \vec{S}t_v(x^t, y^t, b^t, g) - \vec{S}_v^{t+1}(x^{t+1}, y^{t+1}, g)$

$$LETP_t^{t+1} = \frac{1}{2}\{[\vec{S}_v^{t+1}(x^t, y^t, b^t, g) - \vec{S}_v^t(x^t, y^t, b^t, g)] +$$
$$[\vec{S}_v^{t+1}(x^{t+1}, y^{t+1}, b^{t+1}, g) - \vec{S}_v^t(x^{t+1}, y^{t+1}, b^{t+1}, g)]\}$$

$$LESC_t^{t+1} = [\vec{S}_c^t(x^t, y^t, b^t, g) - \vec{S}_v^t(x^t, y^t, b^t, g)] - [\vec{S}_c^{t+1}$$
$$(x^{t+1}, y^{t+1}, b^{t+1}, g) - \vec{S}_v^{t+1}(x^{t+1}, y^{t+1}, b^{t+1}, g)]$$

$$LTPSC_t^{t+1} = \frac{1}{2}\{[\vec{S}_c^{t+1}(x^t, y^t, b^t, g) - \vec{S}_v^{t+1}(x^t, y^t, b^t,$$
$$g)) - (\vec{S}_c^t(x^t, y^t, b^t, g) - \vec{S}_v^t(x^t, y^t, b^t,$$
$$g))] + [(\vec{S}_c^{t+1}(x^{t+1}, y^{t+1}, b^{(t+1)}, g) -$$
$$\vec{S}_v^{t+1}(x^{t+1}, y^{t+1}, b^{t+1}, g)) - (\vec{S}_c^t(x^{t+1}, y^{t+1},$$
$$b^{t+1}, g) - \vec{S}_v^t(x^{t+1}, y^{t+1}, b^{t+1}, g))]\} \quad (6-6)$$

上述指数及其分解值 LTFP、LPEC、LPTP、LSEC 和 LTPSC 为正/负分别表明生产率提高/减少、效率提升/降低、技术提高/降低、规模效率上升/降低、技术偏离 CRS(向 CRS 靠拢)。我们需要在 VRS 和 CRS 两种假设条件下,对卢恩伯格生产率指标进行求解,这涉及 4 个线性规划方程,可进一步推导为 8 个 SBM 方向性距离函数。其模型为:

$$\vec{S}_c^t(x^{t,k'}, y^{t,k'}, b^{t,k'}, g^x, g^y, g^b)$$
$$= \max_{s^x, s^y, s^b} \frac{\frac{1}{N}\sum_{n=1}^{N}\frac{s_n^x}{g_n^x} + \frac{1}{M+I}\left(\sum_{m=1}^{M}\frac{s_m^y}{g_m^y} + \sum_{i=1}^{I}\frac{s_i^b}{g_i^b}\right)}{2}$$

$$\text{s. t.} \quad \sum_{k=1}^{K} z_k^t x_{kn}^t + s_n^x = x_{k'n}^t, \quad \forall n; \quad \sum_{k=1}^{K} z_k^t y_{km}^t - s_m^y = y_{k'm}^t, \quad \forall m;$$

$$\sum_{k=1}^{K} z_k^t b_{ki}^t + s_j^b = b_{k't}^t, \quad \forall i z_k^t \geq 0, \quad \forall k; \quad s_n^x \geq 0, \quad \forall n;$$

$$s_m^y \geq 0, \quad \forall m; \quad s_j^b \geq 0, \quad \forall i \tag{6-7}$$

$$\vec{S}_c^{t+1}(x^{t,k'}, y^{t,k'}, b^{t,k'}, g^x, g^y, g^b)$$

$$= \max_{s^x, s^y, s^b} \frac{\frac{1}{N}\sum_{n=1}^{N}\frac{s_n^x}{g_n^x} + \frac{1}{M+I}\left(\sum_{m=1}^{M}\frac{s_m^y}{g_m^y} + \sum_{i=1}^{I}\frac{s_i^b}{g_i^b}\right)}{2}$$

$$\text{s. t.} \quad \sum_{k=1}^{K} z_k^{t+1} x_{kn}^{t+1} + s_n^x = x_{k'n}^t, \quad \forall n; \quad \sum_{k=1}^{K} z_k^{t+1} y_{km}^{t+1} - s_m^y = y_{k'm}^t, \quad \forall m;$$

$$\sum_{k=1}^{K} z_k^{t+1} b_{ki}^{t+1} + s_i^b = b_{k'i}^t, \quad \forall i; \quad z_k^{t+1} \geq 0, \quad \forall k; \quad s_n^x \geq 0, \quad \forall n;$$

$$s_m^y \geq 0, \quad \forall m; \quad s_i^b \geq 0, \quad \forall i \tag{6-8}$$

计算 $\vec{S}_c^{t+1}(x^{t+1,k'}, y^{t+1,k'}, b^{t+1,k'}, g^x, g^y, g^b)$ 只需将式（6-7）中的 t 换成 $t+1$，计算 $\vec{S}_c^t(x^{t+1,k'}, y^{t+1,k'}, b^{t+1,k'}, g^x, g^y, g^b)$ 只需将式（6-8）中的 t 与 $t+1$ 互换。

  如果后一期的投入产出值在前期的技术条件下不可行，则表示线性规划无解。在计算卢恩伯格生产率指标时，为了尽可能地减少不可行解的个数，本书采用了序列 DEA 方法，即每一年的参考技术由当期及其前所有可得到的投入产出值决定，序列 DEA 具体的 Matlab 实现程序见附录。图肯斯和科特（1995）对序列 DEA 进行了详细的介绍。依照前面的方法，本书对 2000—2009 年中国 30 个省份在考虑资源环境因素下对环境技术效率和环境全要素生产率进行了测度，并对环境全要素生产率进行了分解。

第四节 考虑能源和环境因素的中国区域技术效率与全要素生产率分析

一 数据的来源及处理

数据选取中国 30 个省份 2000—2009 年的"好"产出、"坏"产出和投入要素的数据（因西藏数据缺失，因此剔除）。所有的投入以及"好""坏"产出数据均来源于《新中国六十年统计资料汇编》《中国统计年鉴》《中国能源统计年鉴》。

1. "好"产出

与大部分研究一样，"好"产出选用各个省份以 2000 年为基期的实际地区生产总值（GDP）。

2. "坏"产出

污染物包括许多种类，各种研究选用的指标差异较大。涂正革（2008）选择的是二氧化硫；胡鞍钢等（2008）选取了二氧化碳、二氧化硫和化学需氧量排放总量、工业固体废弃物排放和废水排放总量五个指标；曼杰和坎克（2006）选择了工业废气中的二氧化硫、"三废"排放量、工业烟尘粉尘、废水中的化学需氧量以及铅和六价铬的排放总量；王兵等（2010）选择的是二氧化硫和化学需氧量。我们这里关于"坏"产出的选取，一是选择我国"十一五"规划报告中重点提到的需要削减排放量的污染物化学需氧量与二氧化硫；二是选取二氧化碳排放量作为"坏"产出，当前我国的二氧化碳的排放并未受到管制，降低碳排放量已成为全世界共同努力的方向。历年的《中国环境统计年鉴》上都没有二氧化碳的统计数据，各省市二氧化碳的排放量需通过相关方法计算得到。由于二氧化碳排放与各种化石能源的利用是密切相关的，本书使用含碳能源消费量估算各个省份二氧化碳排放总量。

$$二氧化碳排放量 = 含碳能源消费量 \times 碳折算系数 \times$$
$$二氧化碳气化系数$$

其中，煤炭、石油和天然气属于含碳能源，也是我们考虑的具体能源种类。碳折算系数为 0.67，这是国家发改委制定的数值。二氧化碳气化系数是指碳经过化学反应转变为二氧化碳前后质量比值，即 $44/12 = 3.67$。

3. 能源投入

选取各省份能源消费量代表能源投入状况，数据取自历年《中国能源统计年鉴》和《新中国六十年统计资料汇编》。

4. 劳动投入

在劳动时间不好获取的情况下，本书使用各个省份的大中型工业企业平均职工人数作为劳动投入指标。

5. 资本投入

固定资本存量由各种固定资产（用于劳务、提供各种物资产品和直接生产）、流动资产以及住房等用于提供福利或生活服务的资产组成，概括下来可以理解为通过直接或者间接的方式组成生产能力的资本总的存量。《中国统计年鉴》并没有直接给出相应的年度存量数据，本书借鉴复旦大学张军（2004）在《中国省级物质资本存量估算：1952—2000》一文中使用的方法。依据永续盘存法 $K_t = (1 - \delta_t) K_{t-1} + I_t$ 计算资本存量序列，式中 K_t 表示第 t 期期末的固定资本存量，I_t 表示第 t 期的实际投资，δ 为固定资本 I 的折旧率。这里我们采用能够较好地衡量当年投资 I 的合理指标——固定资本形成总额作为当年投资指标。价格指数采用《中国统计年鉴》公布的数据。我们利用固定资本形成总额和固定资产投资价格指数可以得到按 2000 年不变价格计算各省份各年的投资数。固定资本经济折旧率 δ 选择张军等（2004）的关于固定资本总体经济折旧率的估算方法和估算结果，即 $\delta = 9.6\%$。

二 研究结果及分析

以下的结果通过 Matlab7.0 软件计算得到。首先，我们需要选取合适的方向向量，使用这个向量标准化投入产出的松弛量，只有完成了这一工作，我们才能开始 SBM 方向性距离函数的计算。如果选择的方法向量不一样，得到的结果也有差异。这里我们选择 $g = (x, y, b)$ 作为方向向量，即各个不同变量在各个省份的实际取值。这样我们就能计算出每一个省份的环境无效率水平，环境无效率值越大，表示环境效率水平越低。当环境无效率值为零时，表示该省份在生产前沿面上，不存在投入过多、"坏"产出过多和"好"产出生产的不足。

1. 环境无效率及其分解

大部分文献表明，规模报酬可变（VRS）和规模报酬不变（CRS）两种假设下的环境无效率结果并不相同，大部分的研究指出，在 CRS 和 VRS 下如果得到的结果不相同，此时应该选择 VRS 假设下的结果。所以，这里我们直接计算 VRS 下的中国各区域环境无效率平均值。结果见表 6-4。

表 6-4 2000—2009 年中国各区域环境无效率平均值及其来源分解

区域	总量	投入	其中			产出	污染排放	其中		
			资本	劳动	能源			二氧化硫	化学需氧量	二氧化碳
全国	0.3066	0.1462	0.0203	0.0661	0.0598	0.000	0.1604	0.0613	0.0458	0.0533
东部	0.0894	0.0418	0.0042	0.0183	0.0193	0.000	0.0490	0.0181	0.0096	0.0213
中部	0.3448	0.1478	0.0126	0.0765	0.0587	0.000	0.1897	0.0686	0.0575	0.0636
西部	0.4969	0.2455	0.0419	0.1063	0.0973	0.000	0.2512	0.0999	0.0736	0.0777

由表 6-4 可知，在 2000—2009 年中国整体的环境无效率值为 0.3066。与传统 DEA 相比，基于松弛的（Slack-based measure, SBM）方向性

距离函数能从多角度分解无效率的来源,具有更强的识别功能。

考虑污染排放、投入和产出这三种因素,产出没有出现无效率,说明在中国环境无效率的主要原因不是产出(见图6-4)。考虑与投入相关的三项因素,不合理使用资本所产生的无效率值最小,该结果为0.0203,而由能源投入和劳动产生的环境无效率值分别为0.0598和0.0661。由污染排放引起的环境无效率值为0.1604,远高于投入和产出因素,占环境无效率总量的52.32%。在研究过程中,我们选择了二氧化硫、化学需氧量、二氧化碳的排放总量代表污染排放,从对环境无效率的影响上进行排序,二氧化硫为0.0613,排名第一;二氧化碳为0.0533,排名第二;化学需氧量为0.0458,排名第三。综合起来看,如果中国的能源使用量减少5.98%,资本和劳动投入分别降低2.03%和6.61%,在不需要提高GDP的情况下,就能使二氧化硫、化学需氧量、二氧化碳的排放量分别降低6.13%、4.58%、5.33%,这样就能完全实现环境有效率。如果我们从投入中分离出能源因素,经过进一步计算,可以看出污染物排放和能源效率低下这两个因素所导致的环境无效率之和为0.2202,在总的环境无效率量中占据了71.82%的绝对多数比重。显然,实施节能减排应作为未来工作的重点,这样

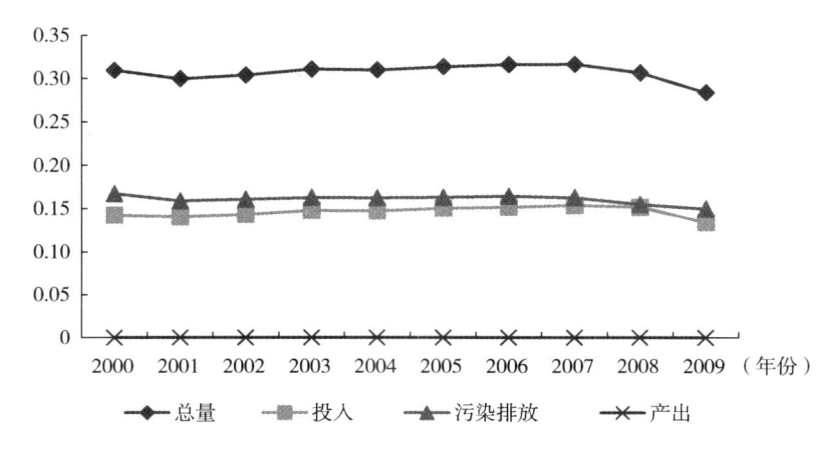

图6-4 2000—2009年中国环境无效率值变化趋势及其来源分解

才能促进经济社会的可持续发展。

由于中国幅员辽阔，中东西部地区经济发展很不均衡，导致各个区域环境技术效率值参差不齐。从表6-4可看出，东部地区环境无效率平均值为0.0894，远小于全国所有行政区域的平均值。中国中西部区域的环境无效率值与东部相比要大很多，中西部区域的环境无效率值分别为0.3448和0.4969。值得注意的是，各地区域导致环境无效率的原因不太相同。在投入产出效率和环境保护方面，东部地区要远高于中西部地区。比较污染和投入产出，污染对环境无效率的影响最为显著，是环境无效率来源的主要部分。并且，东、中部地区的劳动无效率相对西部要大，能源无效率相对西部要小，西部地区的污染无效率值也高，这说明中国东、中部地区聚集大量的劳动力，而西部地区在能源的使用效率上有更大的改进余地。

图6-5给出了中国不同区域2000—2009年环境无效率值变化趋势。按照环境技术效率排名，东部位列第一，中部第二，西部第三，三者之间的顺序在分析期间并没有变化。东、中、西部地区的环境无效率值大体而言是先缓慢上升，再微微下降，这与中国近几年优化产业结构、促进产业结构升级工作的大力实施是分不开的。

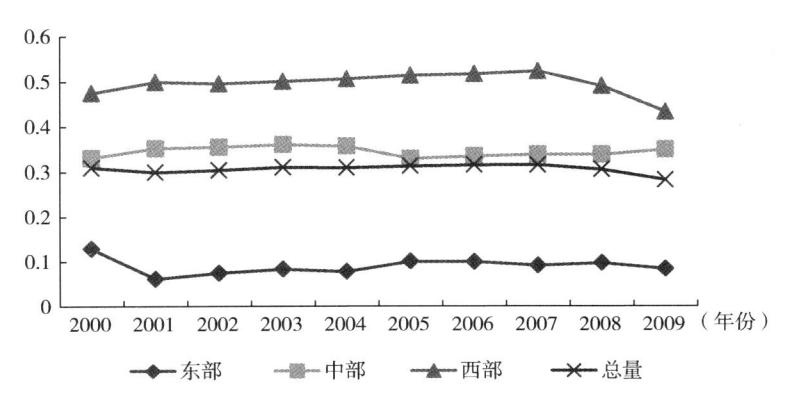

图6-5 2000—2009年中国各地区环境无效率值变化趋势

类似传统的技术效率的定义,环境技术效率(ETE)测算可以定义为一个在 0—1 的指数:

$$ETE = \frac{1}{1 + \vec{S}_v^t(x^{t,k'}, y^{t,k'}, b^{t,k'}, g^x, g^y, g^b)} \quad (6-9)$$

环境技术效率是一个与生产环境前沿紧密联系的概念。当观测点在生产环境前沿时,方向性距离函数值为 0,环境技术效率为 1。环境技术效率越大,说明离环境生产前沿越近,即在给定的能源投入下,其实际"好"产出与最大"好"产出、实际"坏"产出与最小"坏"产出的差距越小。为此,我们可以用环境技术效率刻画地区经济增长与理想的增长("又好又快")的距离。

涂正革(2008)按照环境技术效率的取值来衡量各个省份能源、环境与经济发展三者之间的协调程度。同样地,我们可以根据环境技术效率的取值,将各个地区划分为环境经济高度协调地区(0.9—1)、较协调发展地区(0.8—0.9)、较不协调发展地区(0.7—0.8)、不协调发展地区(0.6—0.7)和极不协调发展地区(0—0.6)。表 6 - 5 给出了中国 30 个省份在 2000—2009 年能源和环境同经济发展的协调程度。由分析的结果我们看出,北京、上海、广东、福建与海南一直处于生产技术的前沿面,这说明比较其他省份区域,这 5 个省份在投入相同的情况下产出明显要高,同时产生的污染少,属于环境经济高度协调地区。除了这 5 个省份,山东和江苏的环境技术效率值大于 0.9,也同属高度协调地区。

表 6 - 5   2000—2009 年中国各省份环境、能源和经济发展协调程度

协调程度	省份
高度协调 [0.9, 1]	北京、上海、江苏、福建、山东、广东、海南
较协调 [0.8, 0.9]	天津、辽宁、黑龙江、浙江、湖北
较不协调 [0.7, 0.8]	河北、吉林、安徽、江西、河南、湖南、四川

续表

协调程度	省份
不协调 [0.6, 0.7]	山西、内蒙古、广西、重庆、贵州、云南、陕西、甘肃、青海、宁夏、新疆

从表6-5可以看出,经济发展和环境高度协调地区全部集中在东部,说明东部省份不仅经济发展水平高,环境保护工作也要优于中、西部省份。中部地区的环境技术效率在0.7至0.9之间。除山西外,不协调的省份全部是西部地区。

2000年至2009年环境技术效率的平均值分别为0.7836、0.7943、0.7900、0.7845、0.7854、0.7837、0.7827、0.7844、0.7922、0.8006,环境技术效率有提升趋势。

需要指出的是,该分类方法并不是绝对的。在获取投入产出数据后,我们使用DEA方法来生成生产技术前沿,再计算生产技术前沿面与生产决策单元两者之间的距离,从而计算出技术效率值,因而,这种测度方法并不是绝对的,是一个相对的测度方法。

2. 环境全要素生产率及其分解

在对各个省份与生产边界的关系进行分析时我们可以使用动态和静态两种分析方法,我们使用环境技术效率静态分析两者的相对关系,使用环境全要素生产率动态分析两者的相对位置变化。序列DEA方法将用于环境全要素生产率的测量过程,该方法能最大限度地降低不可行解的产生,但是,它并不能消除不可行解,不可行解将使得技术进步指标为负数。我们在研究时,将负的技术进步指标统一为0,生产率指标也作了相应的调整。表6-6是中国各省份环境全要素生产率及其构成结果。

表6-6　　　　　　　中国各省份环境全要素生产率及其构成

地区	LTFP	LPEC	LPTP	LSEC	LTPSC
全国	0.0192	0.0029	0.0198	-0.0066	0.0031
东部	0.0326	0.0050	0.0367	-0.0056	-0.0033
中部	0.0171	-0.0022	0.0205	-0.0024	0.0011
西部	0.0074	0.0045	0.0024	-0.0011	0.0011

从表6-6结果可以看出：首先，纯技术进步是提高环境全要素生产率的重要贡献。技术水平可以通过提高生产工艺来减少污染排放，还可以通过减少单位GDP的污染排放强度以减少污染排放，使环境全要素生产率得到提升（Fare et al.，2001）。其次，相比中、西部地区，东部地区环境全要素生产率的平均增长速度要快。按照胡等（2005）的表述，这种现象被称为"双重恶化"，即环境全要素生产率增长率呈现东部高而中、西部低的局面。涂正革（2008）研究也发现，1998—2005年，东部省份的工业发展与环境保护较和谐，而中、西部呈现失衡的状态，这与笔者的研究结果相印证。中、西部地区往往缺乏资金升级高污染的处理设备，这导致了东、中、西部地区的技术差距，从而导致了"双重恶化"的发生。

三　小结

本节基于中国2000—2009年的数据，使用SBM方向性距离函数测量了环境效率及其无效率的主要来源，使用卢恩伯格生产率指标测量环境全要素生产率水平，并对环境全要素生产率进行了分解。

在考虑能源环境因素下中国30个省份2000—2009年的环境效率及其来源的主要结论有：首先，2000—2009年中国整体的环境无效率值为0.3066，经换算可得，研究期间，中国的环境效率值为0.7653。比较污染排放、投入和产出这三个影响环境无效率的主要因素，产出因素没有产生无效率，这一结论说明，在高速增长的中国经济环境中，产出因素对环境无效率的影响可以忽略，产出并不是影响环境无效率的主要因素；与产出因素相比，投入因素约为 0.1462，它对环境技术效率的影响比较显著；考虑污染排放因素，它占据能源和环境因素无效率值总量的 52.32%，它产生的环境无效率值更是高达 0.1604，可见污染排放对环境无效率的影响最大。我们可以进一步在投入中将能源单独列出来，经过进一步计算可得出由于污染物排放和能源效率低下这两个因素共同导致的无效率值之和为 0.2202，占据了环境无效率总量的 71.82%，这说明节能减排是未来工作的重中之重，节能减排对可持续发展具有重要意义。其次，在分析期间中国环境无效率呈现出中间略高、两头略低的特点，表明考虑能源和环境因素中国的经济效率实际上是经历了从高到低、再从低到高的过程。这表明，由于工业化进程的加速，在粗放式经济增长模式的驱动下，能源浪费日益严重，环境污染问题凸显，这些因素直接促使环境技术效率下行。近些年，中国对节能减排日趋重视，在持续的投入下，环境技术效率又开始上升。随着时间的推移，影响环境技术效率的三个主要因素污染、投入与产出在每个阶段对环境技术效率的影响都不尽相同，但总的来说，污染因素始终占据首位，投入次之，产出的影响可以忽略不计。再次，由于我国国土广袤，东、西部地区的环境技术效率存在很大的差异。东部地区环境无效率平均值约为 0.0894，这一数值要远低于全国的平均值。我国中、西部地区的环境无效率指标要比东部地区大得多，中、西部地区的环境无效率平均值分别为 0.3448 和 0.4969。最后，分析中国不同区域的环境无效率值变化趋势可以看出东部地区的环境技术效率始终最高，中部地区次之，西部地区最低，三者之间的顺序在分析期间并没有变化。东、中、西部地区的环境技术无效率值大体而言是先缓慢上升，再微微下降，这与中国近几年优化产业结构、促进产业结构升级工作的大力实施是分不开的。

考虑能源环境因素下中国30个省份2000—2009年的环境全要素生产率及其分解的主要结论有：首先，纯技术进步是环境全要素生产率增长的主要因素；其次，中、西部地区环境全要素生产率增长率均低于东部沿海地区，出现了"双重恶化"的现象。

经济、能源与环境之间的协调问题已成为影响中国可持续发展的重要因素。为促进能源、环境与经济更加协调发展，我们可以从以下几个方面入手：（1）将环境污染指标、能源利用指标纳入地方政府考核体系。综合考察地方政府发展经济的能力，坚决摒弃传统的只依靠GDP指标的评价体系，将能源指标、污染指标提高到同GDP指标同等重要，甚至更为重要的高度。（2）正确定位政府在市场运行中的作用，严格限制政府干预市场的行为，促进市场的良性健康发展。目前，要素能源的价格大多被地方政府使用公权力进行了全方位的干预，导致竞争格局不能形成，价格随之扭曲。这些均能产生严重的环境污染与资源浪费，使经济增长绩效降低。所以，需要地方政府不能干预微观经济的运行，要素资源的合理配置需要全部交由价格机制来调节。（3）中、西部地区应该向东部地区学习引进外资，同时两者之间开展合作，最终的目的是引进先进的技术、管理经验，提高能源利用效率和保护环境的能力，消除中国效率发展的不平衡。（4）引导企业加大研发的投入，鼓励企业投入资金进行先进技术的研发，在政策上予以支持；同时政府应该领导创建创新生态系统，构建创新研发网络，促进创新成果的产业化。（5）分区域来看，中、西部地区的环境效率和环境全要素生产率远远低于东部地区。中、西部地区与东部地区相比，在技术水平、技术利用效率、投入利用生产率和污染治理生产率方面全面落后。因此，我们的环境保护制度不能实行简单的"一刀切"政策，对于经济发展程度不一样的区域，应实行不同的环境保护政策。例如，在经济相对发达的东部地区，要实行严格的环境保护政策，可以采用向西部地区支付一定的费用购买排污权的方式来进行，这样能很好地消除环境保护与提升经济效率两者之间的矛盾。如董敏杰等（2012）指出可以尝试建立跨地区的二氧化硫排放权交易市场。由于技术能力的差别，发达地区企业对环境保护的水平已经很高，产生的污染物排放相对较低，再降低对污染物的排放势必需要投入更多的资金，而减少的排放很少，边际成本会比较高，此时发达地区企业可以购买不发达地区的排放配额，有利于不发达企业提高技术水平，促进节能减排的实施，同时有利于先进经验在国内的推广。

总之，经济发展过程中应从可持续发展角度处理好能源节约、环境保护、经济增长三者之间的协调关系，真正实现经济"又好又快"增长。

第五节　环境技术效率的影响因素分析

改革开放以来，中国经济持续 40 多年的增长规模与速度举世瞩目。但在经济快速增长的同时，中国也为此付出了沉重的能源环境代价。中国目前已成为世界上最大温室气体排放国和最大的能源消费国。在巨大的环境压力下，中国政府已经逐步意识到经济增长的可持续性问题的重要性，中国政府提出，将大力提高国民以及企业的环境保护意识，在"十二五"末期将单位 GDP 能耗和二氧化碳的排放量分别降低 16% 和 17%，将中国建设成环境友好型、资源节约型的社会，确保不会走上资本主义国家"先污染、后治理"的老路。因此，我们要在低消耗低污染的框架中促进经济更快增长。

在评估出中国的环境技术效率数值之后，我们更想知道，如何促进中国实现低消耗低污染的增长？这就需要了解哪些因素影响中国的环境技术效率。对环境技术效率影响因素的分析，可以为进一步提高中国的环境技术效率提供启发和理论支持，从而实现经济在考虑能源和环境因素影响下更快增长。

一 环境技术效率的影响因素及变量的选择

对于环境技术效率的影响因素的选择，我们根据环境技术效率（ETE）影响的相关实证文献、环境经济学的相关理论以及自己的思考来确定。有些指标的选取还要考虑到相关的数据是否容易获取。我们考虑如下指标：

（1）经济发展水平：用人均 GDP（GDPPC）的对数表示，GDP 统一采用 2000 年为基期的不变价格。人均 GDP 对数的平方做自变量，主要是考察环境效率和人均 GDP 之间的二次型关系；随着中国经济的快速发展和人民生活水平不断提高，人们对环境质量的要求在逐步提高，环保意识也在逐渐增强，并且，发达地区的民众比落后地区的民众会更加注重保护地区的环境。所以，我们预期地区发展水平与环境技术效率存在正相关关系。

（2）外商直接投资：使用外商直接投资指标来从不同方面论证"污染天堂"这一假设，检验国外是否存在向中国转移污染产业的现象。指标采用外商直接投资占地区 GDP 的比重（KPL）表示。

（3）结构因素：首先，用资本—劳动比率的对数（KPL）表示禀赋结构，也称为资本的有机构成。控制产业结构因素下，若 K/L 较低，说明经济结构偏向于低污染的劳动密集型产业，反之，经济结构偏向于高污染的资本密集型产业。所以，资本的深化，将反作用于环境技术效率的提高。其次，用国有及国有控股企业总产值与工业总产值的比重（RS）表示产权变量，检验市场化程度对环境技术效率的影响。再次，我们用第三产业增加值占 GDP 的比重（STR）来表示产业结构，第三产业占比高，其他条件不变时，单位 GDP 产出投入的能源和排放的污染相对较少。最后，我们将煤炭消费量按照能源单位折算成以标准煤为单位，重新计算煤炭消费占总能源消费的比重，煤炭消费量所占比例越高,排放的污染也越多。

(4) 政府环境保护力度(GOV):用各省工业污染治理投资额占 GDP 的比重衡量,用变量 GOV 表示。

(5) 企业环境管理能力(SQCL):用工业二氧化硫去除率,即用工业二氧化硫去除量除以工业二氧化硫排放总量与工业二氧化硫去除量的和。

二 基于面板 Tobit 模型的省际环境技术效率的影响因素分析

根据上面讨论,我们认为发展水平(用 $GDPPC$、$GDPPC^2$ 表示)、外商直接投资(FDI)、禀赋结构($LNKPL$)、产权结构(RS)、产业结构(STR)、能源结构($NYJG$)、政府环境保护力度(GOV)、企业环境管理能力($SQCL$)等因素会影响环境技术效率水平,故设定如下计量模型:

$$ETE_{i,t} = \beta_0 + \beta_1 * GDPPC_{i,t} + \beta_2 * GDPPC^2_{i,t} + \beta_3 * FDI_{i,t} + \beta_4 \times LNKPL_{i,t} + \beta_5 * RS_{i,t} + \beta_6 * STR_{i,t} + \beta_7 * NYJG_{i,t} + \beta_8 * GOV_{i,t} + \beta_9 * SQCL_{i,t} + \varepsilon_{i,t} \quad (6-10)$$

因为环境效率的取值为 0 至 1 之间的数,所以我们使用 Tobit 模型进行分析。这里采用中国 30 个省份(西藏数据缺失,因此剔除)2000—2009 年的面板数据,使用 Tobit 随机效应模型进行估计,Stata 的估计结果如表 6-7 所示。

表 6-7　　　　　　环境技术效率的影响因素分析

变量	系数
GRPPC	0.3042 (0.1859)
GRPPC²	0.0061 (0.0093)

续表

变量	系数
FDI	1.0126（0.3005）***
LNKPL	-0.1298（0.0307）***
PS	0.0712（0.0523）
STR	0.0010（0.0013）
NYJG	-0.0553（0.0508）
GOV	5.4610（2.3392）**
SQCL	0.0070（0.0013）
_cons	-1.4620（0.9363）
Sigma_e	0.0485
OBS	300

注：括号内数字表示系数的标准误；$Sigma\_e$ 为 Tobit 回归中随机因素的比重；OBS 为观测值个数；*、**、*** 分别表示在 10%、5% 和 1% 水平上显著。

在上述模型中，使用 F 统计量进行统计检验，经计算得到的 P 值为 0，模型从整体上通过显著性检验。环境技术效率 $GDPPC$ 的系数大于 0，这进一步说明地区的经济发展水平对环境技术效率的提升有促进作用，但我们这里影响是不显著的。$GRPPC^2$ 对环境效率也有正的影响，这与王兵等（2010）的结论是一致的。

FDI 对环境技术效率有显著的正向作用，以往的研究文献表明外资对中国企业的效率改进具有不确定性。"污染天堂"理论认为，发达国家比发展中国家对环境的重视程度要高，相应的法律法规不仅完善而且处罚更严厉，这将导致 FDI 自然转向发展中国家的高耗能高污染产业。但是，一部分研究人员不认同这种观点，他们认为外商直接投资可以通过示范效应、人员培训和流动效应等渠道影响东道国的生产效率；外商企业自身较为先进的环境污染治理技术、环境管理思想和办法，以及通过技术溢出渠道对国内企业的传递，又在一定程度上有助于东道国环境的改善。这里的研究表明外资企业的比重提升有利于环境技术效率的提升，这表明令人担心的外国污染产业的转移现象并没有在中国发生，中国并没有成为发达国家的"污染避难所"，这得益于中国严格的行业准入制度和环境规制制度。

资本—劳动比反映了要素禀赋，它显著地反作用于技术效率，这一结论也刚好印证了我们的预期。涂正革（2008）认为如果资本—劳动比上升，说明该区域的经济结构正在从倾向于轻污染的劳动密集型产业向倾向于重污染的资本密集型产业迁移。王兵等（2010）也指出，资本—劳动比对环境效率的影响显著，它对环境效率有负面的影响。

产权结构对环境效率的影响不容易预估（彭海珍等，2004）。本书的研究表明，国有化产权结构对环境技术效率有正面影响，但这一影响并不显著。

第三产业增加值占地区生产总值的比重对环境效率的影响为正，但不显著。中国的第三产业概括来说由以下几个行业组成：服务于生产、生活的行业；服务于提高国民文化、科学技术水平的行业；服务于提升国民素质的行业以及流通行业。第三产业中，餐饮行业以及交通运输行业对环境污染所占的比重，相对于其他行业来说一直居于前列。但是，近年来，这两大产业在第三产业中所占的比例较小，一些对环境污染不大的行业占第三产业的比重有了较大的提高，比如：金融、保险、旅游逐年增加。因此，第三产业的比重增加将有利于减少污染的排放，提高环境效率。

能源结构对于环境效率具有负的影响，但不显著，这意味着我们在今后的发展中，应进一步加强对新能源的开发，优化能源结构，积极推进节能减排。

政府环境保护力度回归系数显著为正。这说明政府出台的相应的法律法规约束了企业或个人污染环境的行为，对保护环境有很好的作用。

工业二氧化硫去除率对环境效率具有正的影响，但不显著。这表明企业环境管理能力对环境效率的提高有促进作用。因此，在今后的节能减排中，要充分地发挥企业的积极性，加强对企业二氧化硫排放的管制，提高企业管理二氧化硫排放的能力。

三　小结

通过对影响环境效率的因素进行分析，我们可以得出以下结论：发展水平、产权结构、产业结构、企业的环境管理能力对环境效率有正的影响，但不显著；能源结构对环境效率有负的影响，但影响也不显著；外资水平和政府环境保护力度对环境效率有显著的正影响；资本—劳动比对环境效率有显著的负向作用。

以上的结论给予我们的启示是：应加强和完善政府对保护环境的各项规章制度，加大处罚执法力度，约束企业破坏环境的行为。不仅要刺激企业进行治污技术的创新，还要刺激企业为完成节能减排任务而进行管理制度创新，提高能源利用率，减少污染排放，让其能够以更为经济的方法降低治污成本和实现环境规制的要求；在鼓励外商直接投资的同时，应该优化外资结构，限制高污染、高能耗产业的进入；要优化能源结构，大力发展并增加清洁能源和替代能源在一次能源消费中的比重。

第六节　本章小结

本章首先介绍了中国面临的环境污染状况，主要分析了中国二氧化硫和化学需氧量两种主要污染物的排放情况。虽然中国二氧化硫和化学需氧量排放逐年减少，但它们的排放总量还是很大，尤其是二氧化硫排放仍居世界第一。此外，温室气体的排放也给中国的环境带来了巨大压力。我们从二氧化碳排放总量和单位 GDP 的二氧化碳排放量两个角度分析表明中国的碳排放远远高于世界平均水平。中国面临的严重的环境污染状况会削弱中国的国际竞争力,降低中国在国际市场上的谈判地位,最重要的是,会影响中国经济、社会、环境的可持续发展。

其次,本章使用基于 SBM 方向性距离函数测算了考虑资源和环境因素的中国区域经济的环境技术效率,使用卢恩伯格生产率指数测算了考虑资源和环境因素的区域环境全要素生产率,提出了提高中国区域环境技术效率和全要素生产率的政策建议。

最后,我们还进一步研究了中国环境技术效率的影响因素。通过对环境技术效率的影响因素的研究,可以促进环境技术效率的提升,为建立"资源节约型、环境友好型"社会和政府的有效决策提供理论支持。

第七章 结论与展望

改革开放以来,中国经济持续快速增长,取得了举世瞩目的成就,被称为"中国经济奇迹"。然而,经济增长过程中大量的能源消费与污染排放给中国带来了巨大的能源环境压力。与此同时,中国经济增长的质量受到部分学者的质疑,能源消费过大、生产效率低下、环境的污染等问题引起学界的广泛关注。中国长期以来形成的"高投入、高能耗、高排放、不协调、低效率、低效益"的粗放型经济增长方式,长期下去,能源将耗尽,环境将受到严重破坏,导致经济、社会的不可持续发展。因此,能源环境问题已经成为可持续发展的核心问题。

研究能源消费、环境污染下的中国经济增长问题有助于我们认清能源环境与中国经济增长的关系,进一步采取有效对策,促进中国在节约资源、保护环境的同时实现经济的可持续发展。

第一节 研究结论

本书采用实证分析与规范分析相结合、定性与定量相结合的研究方法对考虑能源和环境因素的中国区域经济增长进行了研究,主要的研究结论有以下四点:

1. 能源与环境的概况研究结论

中国人均能源占有率偏低、能源利用效率低、能源价格偏低等原因导致了中国能源需求大于供给，供需存在缺口。尤其是能源价格原因，在市场经济条件下，价格应由市场竞争形成，价格充分反映价值和市场的供求关系。然而，中国的能源价格管理是建立在以传统商品价格为管理对象的基础之上，政府在制定或调整能源价格时，既缺乏完整的定价依据，也没有规范的定价方法，连贯性较差、随意性较大，缺乏科学性和合理性，削弱了价格对自然能源市场的调节力度。当然，中国能源价格的改革也在不断推进中。本书提出了特征价格法，并以煤炭资源为例进行实证研究。研究表明，原煤产量、固定资产投资和职工工资、铁路运力对原煤价格有显著的影响。通过特征价格模型研究煤炭的价格，我们可以建立煤炭价格指数体系，用于指导国民经济发展和保障能源安全，提高市场主体对煤炭价格变化的预测能力，也可以为政府调整能源价格提供参考依据，从而缓解中国经济增长面临的能源紧缺问题。

综合能源和环境的现状来看，长期形成的"高投入、高能耗、高排放、不协调、低效率"的粗放型经济增长方式，加剧了能源紧缺和环境污染的形势，将不利于中国经济、社会和环境的可持续发展。

2. 能源消费与经济增长因果关系研究结论

通过对能源消费和经济增长的一般关系进行分析表明，无论从能源消费和人均 GDP 的总量来看，还是从能源消费和人均 GDP 的增长率来看，我国所有省份的经济发展水平随着能源消费量的增长而增长，能源的消耗对经济的发展具有直接的推动作用，从数据我们也可以看出，东部地区经济发展水平较高，相应的能源消费总量也高，西部地区正好相反。通过使用面板协整分析、误差修正模型及面板格兰杰因果检验对中国省际层面能源消费与经济增长之间的动态关系进行的研究表明，无论从长期看还是从短期来看，能源消费与经济增长之间互为双向因果关系，能源消费增加导致人均 GDP 增加，人均 GDP 增加导致能源消费增加。

3. 考虑能源投入的中国区域经济增长研究结论

通过对全要素生产率增长进行分解，结果表明，贡献率最大的是技术进步而不是技术效率的改进，这说明我们以往只重视技术进步而忽略了技术效率。如果单纯依靠技术进步，而忽视对现有能源的合理配置和技术效率的提高，必将造成生产的无效和能源浪费。从区域来看，东部地区的技术进步低于中、西部地区，而东部地区的技术效率则明显高于中、西部地区，且处于规模报酬递减的阶段。这说明，中、西部地区的技术引进发挥了很好的作用，通过引进西方先进的技术用于提升当地的技术水平实现跨越式的发展，比单纯依靠自身的研发进程更快。

通过对各地区技术效率的分析发现，东部地区的技术效率最高，其次是中部和西部。效率方程的估计结果表明，非国有经济份额越高，表明地区的市场化程度越高，地区的技术效率就越高；对外开放程度和贸易开放度越高，地区的技术效率就越高；人力资本存量越高，技术效率越高；政府支出比重越高，地区的技术效率越低。我们可以从这些方面进行改善以提高生产的技术效率，促进经济增长。

分析还表明，资本、劳动和能源三种要素的产出弹性为正，资本产出弹性始终保持最大，劳动的产出弹性逐渐减小，能源的产出弹性逐年增加。这一结论从另一方面说明高污染高能耗的产业以及资本密集型的产业正在逐步取代传统的、占有国民经济较大比重的劳动密集型产业，从长期来看，这对中国经济和社会的可持续发展是不利的。

4. 考虑能源和环境因素的中国区域环境效率与全要素生产率的研究结论

对于考虑能源和环境因素的中国区域环境效率与全要素生产率的研究，本书从"增长、节能、环保、低碳"四个维度出发，首先使用基于 SBM 方向性距离函数测算考虑能源环境因素下区域经济的环境技术效率，然后使用卢恩伯格生产率指数测算了区域经济的全要素生产率增长及其构成。

对区域经济的环境技术效率及无效率的来源的研究表明，在综合考虑污染排放、投入和产出因素中，产出并不是无效率的主要原因。由于污染排放导致的环境无效率值高达 0.1604，约占到无效率值总量的 52.32%。由投入中的能源和污染排放产生的无效率值之和为 0.2202，占无效率总量比重的 71.82%，这说明对节能减排的控制将是非常重要的。此外，在选取的研究区间，环境无效率指标在中期达到最高，也就是说在考虑能源和环境因素下中国的经济效率大体的变化趋势是高—低—高。这说明，随着我国工业化的脚步逐渐加快，经济增长的方式也愈发粗放，在这样的大环境下，环境技术效率必然会逐渐降低。但是，由于近几年来中国对节能减排的重视，对节能减排工作的持续投入，又逐年提升了环境技术效率。影响环境技术指标的因素有：污染、投入与产出，随着时间的推移，这三个因素对环境技术效率的影响程度也存在较大的区别，其中污染占影响程度的比重始终最大，投入次之，产出的影响不明显。再者，由于中国幅员辽阔，环境技术效率存在较大空间差异。东部地区的环境无效率均值较低，中、西部地区较高，这也是由东部地区的经济发展水平远超中、西部地区所决定的。

对考虑能源环境因素下中国 30 个省份 2000—2009 年的环境全要素生产率及其分解研究结论表明，纯技术进步依然是环境全要素生产率增长的主要因素，中、西部地区环境全要素生产率增长率均低于东部沿海地区，出现了中国区域经济发展中的"双重恶化"。

通过对影响环境效率的因素进行分析表明，发展水平、产权结构、产业结构、企业环境管理能力对环境效率有正的影响，但不显著；能源结构对环境效率有负的影响，但影响也不显著；外商直接投资和政府环境保护力度对环境效率有显著的正影响；资本—劳动比对环境效率有显著的负向作用。

第二节 对策建议

结合本书的研究结论，本书总结出以下促进中国经济可持续发展的对策建议：

第一，要调整经济结构。一是优化产业结构，要始终坚持"三、二、一"的产业方针，优先发展现代服务业，不断提高第三产业比重，促进第二产业的优化升级，以低耗能的高新技术产业逐步替代冶金、建材、化工等高耗能产业；二是要优化能源结构，大力发展并增加清洁能源和替代能源在一次能源消费中的比重；三是调整国有企业产权结构，加快非国有经济的发展。

第二，要充分发挥外资的正面效应，促进地区经济的合作与交流。一方面，各地区要加强对引进外资的质量评估，尤其是在环境指标方面，重点在环境保护产业和现代服务业、高技术企业这些领域来引进外资；另一方面，中西部地区要根据自己独特的区域特色和资源环境，同经济发展水平高的省份展开合作，引进新的技术与人才，改善能源环境效率，改善国内各区域发展不均衡的状况。

第三，要进行新的机制设计，从而保证各级政府能够转变当前的经济增长方式和思维模式，从被动完成约束指标变成主动要求节能减排。一是，推进能源性产品价格改革，建立更为有效的能源要素交易市场，根据供需对能源定价。使用市场决定能源价格为主，国家在宏观层面进行调控作为补充，通过征收如能源开发税等税种，使能源的开发合理、合规、有序，迫使企业自觉减少稀缺能源的消耗，研发节约稀缺能源和利用替代能源的技术。二是，建立健全相应的责任制度，出现问题后能快速地定位责任人，同时改革排污收费制度。具体做法为改革环境保护投融资机制。企业可以在金融市场进行融资或者借助贷款筹措资金，政府可以双管齐下，对违法企业严厉处罚，绝不姑息，同时对守法企业的环保支出给予相应的补贴。

第四，要改变地方考核体系。改变仅考察 GDP 的不合理的考核体系，将主要污染物的排放量、能源消费总量、能源利用效率作为同 GDP 同等重要，甚至更为重要的指标来考核地方经济发展情况、考核地方政府的施政能力。

第五，要加大人力资本投资，推动科技进步。提高人力资本最直接的方式是提高教育水平，因此，政府要坚持把教育放在优先发展的战略地位，加快各级各类教育发展；中央和地方政府要加大对各层次教育的支持力度；政府还应重视教育投入的效率、改善教育环境。还有，引导企业加大研发的投入，鼓励企业投入资金进行先进技术的研发，在政策上予以支持；同时政府应该领导创建创新生态系统，构建创新研发网络，促进创新成果的产业化。政府公共投资应向耗资大、风险高、周期长、短期回报低的基础科学和关键技术领域倾斜；并鼓励企业积极投入节约能源技术的开发，通过研发技术来降低对能源的消耗。

总之，经济发展过程中应该摒弃传统的"重经济增长，轻能源环境保护"的思想，从可持续发展角度处理好能源节约、环境保护、经济增长三者之间的协调关系，从而实现经济的可持续增长。

第三节　未来研究展望

中国经济的高速增长伴随着大量的能源投入和严重的环境污染，能源环境与经济增长的研究也是目前研究的热点问题。笔者认为，本书研究的问题尚有许多方面需要作进一步研究：

（1）应分析中国与世界各国的全要素生产率增长率，将中国的全要素生产率增长率与世界各国的全要素生产率增长率进行比较，找出中国与世界各国的差距，总结缓解中国经济增长的能源环境约束的国际经验，从而为中国制定更合理的能源环境政策提供更优的建议。

（2）在一些影响因素的选取上，不够全面。比如，污染排放的变量选取，本书只选用了二氧化硫、化学需氧量和二氧化碳三种，中国的基本污染物排放远不止这三种，并且经济增长对环境的影响也不仅仅体现在污染物上，还涉及生物多样性、人类健康等方面。还比如，SFA模型中技术效率的影响因素，以及对中国环境技术效率的影响变量的选取上，除了本书提到的一些因素外还包括地理位置、环境法规、公众环保意识等都有待于进一步深入研究。

（3）本书仅仅是基于全国及区域视角对考虑能源和环境因素的技术效率和全要素生产率进行了研究，对于区域行业、企业层面的研究比较，也是未来进一步拓展的方向。

参考文献

安尼尔·特维:《中国的能源与环境》,《世界环境》2006年第4期。

财经资讯:《〈中国能源发展报告 2011〉发布》,《供热制冷》2012年第1期。

查冬兰等:《能源约束下的我国全要素生产率增长比较》,《系统工程》2009年第186期。

丹尼斯·米都斯:《增长的极限》,吉林人民出版社1997年版。

蒂坦伯格、刘易斯:《环境与自然资源经济学》,中国人民大学出版社2011年版。

董敏杰、李钢、梁泳梅:《中国工业环境全要素生产率的来源分解》,《数量经济技术经济研究》2012年第2期。

范建双、李忠富、邹心勇:《中国建筑业大型承包商的全要素生产率测算》,《系统管理学报》2010年第5期。

傅晓霞、吴利学:《技术效率、资本深化与地区差异》,《经济研究》2006年第10期。

郭庆旺、贾俊雪:《中国全要素生产率的估算:1979—2004》,《经济研究》2005年第6期。

韩方:《我国可再生能源发展现状和前景展望》,《可再生能源》2010年第4期。

韩智勇：《中国能源消费与经济增长的协整性与因果关系分析》，《系统工程》2004 年第 12 期。

杭雷鸣：《我国能源消费结构问题研究》，硕士学位论文，上海交通大学，2007 年。

贺胜兵等：《考虑能源投入的省级时变技术效率估计与比较：1998—2008》，《系统工程》2011 年第 4 期。

胡鞍钢、郑京海：《中国全要素生产率为何明显下降》，《北京大学中国经济研究中心政策性研究简报》2004 年第 15 期。

胡鞍钢：《考虑环境因素的省级技术效率排名（1999—2005）》，《经济学（季刊）》2008 年第 3 期。

焦必方：《环保型经济增长——21 世纪中国的必然选择》，复旦大学出版社 2001 年版。

金碚：《科学发展观与经济可持续增长方式转变》，《中国工业经济》2006 年第 5 期。

金碚：《资源与环境约束下的中国工业发展》，《中国工业经济》2005 年第 4 期。

金玉国：《宏观制度变迁对转型时期中国经济增长的贡献》，《财经科学》2001 年第 2 期。

孔胜、张同健、吕宝林：《试论我国煤炭价格的影响因素》，《煤炭经济研究》2009 年第 5 期。

冷崇总、冷淑莲：《我国自然资源价格现状与改革对策》，《价格与市场》2008 年第 1 期。

李谷成、冯中朝、范丽霞：《农户家庭经营技术效率与全要素生产率增长分解（1999—2003 年）》，《数量经济技术经济研究》2007 年第 8 期。

李嘉图：《政治经济学及赋税原理》，周洁译，华夏出版社 2005 年版。

李帅：《价格扭曲、能源替代对我国能源消费结构影响的实证分析》，硕士学位论文，东北财经大学，2011年。

梁进社、王红瑞、王天龙：《中国经济社会发展的资源瓶颈与环境约束》，《经济研究参考》2011年第1期。

林伯强、王锋：《能源价格上涨对中国一般价格水平的影响》，《经济研究》2009年第12期。

林伯强：《电力消费与中国经济增长：基于生产函数的研究》，《管理世界》2003年第11期。

林毅夫、刘培林：《经济发展战略对劳均资本积累和技术进步的影响：基于中国经验的实证研究》，《中国社会科学》2003年第4期。

林毅夫、苏剑：《论我国经济增长方式的转换》，《管理世界》2007年第11期。

刘凤良、郭杰：《资源可耗竭、知识积累与内生经济增长》，《中央财经大学学报》2002年第11期。

刘小二、谢月华：《基于SFA我国区域全要素生产率差异的实证研究》，《统计教育》2009年第7期。

马超群、储慧斌、李科：《中国能源消费与经济增长的协整与误差校正模型研究》，《系统工程》2004年第10期。

潘士元、史晋川：《内生经济增长：一个文献综述》，《经济学（季刊）》2002年第4期。

彭水军、包群、赖明勇：《自然资源耗竭、内生技术进步与经济可持续发展》，《上海经济研究》2005年第3期。

彭水军、包群：《环境污染、内生经济增长与经济可持续发展》，《数量经济技术经济研究》2006年第9期。

沈坤荣、李剑：《中国贸易发展与经济增长影响机制的经验研究》，《经济研究》2003年第5期。

沈能：《中国制造业全要素生产率地区空间差异的实证研究》，《中国软科学》2006年第6期。

史丹:《中国能源市场化改革研究报告》,经济管理出版社 2006 年版。

谭章禄、陈广山:《我国煤炭价格影响因素实证研究》,《改革与战略》2009 年第 10 期。

涂正革、肖耿:《中国工业增长模式的转变——大中型企业劳动生产率的非参数生产前沿动态分析》,《管理世界》2006 年第 10 期。

涂正革、肖耿:《中国经济的高速增长能否持续——基于大中型工业企业生产率的分析》,《世界经济》2006 年第 2 期。

涂正革、肖耿:《中国的工业生产力革命——用随机前沿生产模型对中国大中型工业企业全要素生产率增长的分解及分析》,《经济研究》2005 年第 3 期。

涂正革:《环境、资源与工业增长的协调性》,《经济研究》2008 年第 2 期。

王兵、吴延瑞、颜鹏飞:《环境管制与全要素生产率增长:APEC 的实证研究》,《经济研究》2008 年第 5 期。

王兵、颜鹏飞:《中国的生产率与效率:1952—2000——基于时间序列的 DEA 分析》,《数量经济技术经济研究》2006 年第 8 期。

王兵、王丽:《环境约束下中国区域工业技术效率与生产率及其影响因素实证研究》,《南方经济》2010 年第 11 期。

王兵、吴延瑞、颜鹏飞:《中国区域环境效率与环境全要素生产率增长》,《经济研究》2010 年第 5 期。

王海建:《耗竭性资源、R&D 与内生经济增长模型》,《系统工程理论方法应用》1999 年第 3 期。

王海建:《耗竭性资源管理与人力资本积累内生经济增长》,《管理工程学报》2000 年第 3 期。

王海建:《资源约束、环境污染与内生经济增长》,《复旦学报》(社会科学版) 2000 年第 1 期。

王金南等:《能源与环境:中国 2020》,中国环境科学出版社 2004 年版。

王亚菲：《中国资源消耗与经济增长动态关系的检验与分析》，《资源科学》2011年第1期。

王争、史晋川：《转型时期中国工业生产绩效的地区差异及波动性的解释》，《世界经济文汇》2007年第4期。

王争、郑京海、史晋川：《中国地区工业生产绩效：结构差异、制度冲击及动态表现》，《经济研究》2006年第11期。

王志刚、龚六堂、陈玉宇：《地区间生产效率与全要素生产率增长分解（1978—2003）》，《中国社会科学》2006年第2期。

王志平：《生产效率的区域特征与生产率增长的分解》，《数量经济技术经济研究》2010年第1期。

吴敬琏：《当代中国经济改革》，上海远东出版社2003年版。

吴敬琏：《中国增长模式抉择》，上海远东出版社2006年版。

吴明明：《中国能源消费与经济增长关系研究》，博士学位论文，华中科技大学，2011年。

相震：《碳排放问题刍议》，《环境科技》2009年第1期。

谢授祥、谭清华、宋阳：《影响煤炭价格因素的相关性分析与检验》，《统计与决策》2006年第22期。

徐小斌等：《基于面板数据的中国能源与经济增长关系研究》，《生产力研究》2007年第21期。

许士春等：《资源消耗、污染控制下经济可持续最优增长路径》，《管理科学学报》2010年第1期。

亚当·斯密：《国富论》，郭大力、王亚南译，上海三联书店2009年版。

严兵：《效率增进、技术进步与全要素生产率增长》，《数量经济技术经济研究》2008年第11期。

颜鹏飞、王兵：《技术效率、技术进步与生产率增长：基于DEA的实证分析》，《经济研究》2004年第12期。

杨宏林、丁占文、田立新：《基于能源投入的经济增长模型的消费路径》，《系统工程理论与实践》2006 年第 6 期。

杨宏林、田立新、丁占文：《能源约束下的经济可持续增长》，《系统工程》2004 年第 3 期。

杨宏林、田立新、丁占文：《能源约束与干中学经济增长模型》，《企业经济》2004 年第 6 期。

杨俊、邵汉华：《环境约束下的中国工业增长状况研究——基于 Malmquist-Luenberger 指数的实证分析》，《数量经济技术经济研究》2009 年第 9 期。

杨文举：《技术效率、技术进步、资本深化与经济增长：基于 DEA 的经验分析》，《世界经济》2006 年第 5 期。

于渤、黎永亮、迟春洁：《考虑能源耗竭、污染治理的经济持续增长内生模型》，《管理科学学报》2006 年第 4 期。

余泳泽、张妍：《我国高技术产业地区效率差异与全要素生产率增长率分解》，《产业经济研究》2012 年第 1 期。

岳书敬、刘富华：《环境约束下的经济增长效率及其影响因素》，《数量经济技术经济研究》2009 年第 5 期。

曾文宏：《能源约束下中国工业增长效率》，硕士学位论文，华中师范大学，2011 年。

张军、吴桂英、张吉鹏：《中国省级物质资本存量估算：1952—2000》，《经济研究》2004 年第 10 期。

张琳、任保平：《我国中部地区能源消费与经济增长》，《经济经纬》2009 年第 4 期。

章祥荪、贵斌威：《中国全要素生产率分析：Malmquist 指数法评述与应用》，《数量经济技术经济研究》2008 年第 6 期。

赵伟、马瑞永、何元庆：《全要素生产率变动的分解——基于 Malmquist 生产力指数的实证分析》，《统计研究》2005 年第 7 期。

郑京海、胡鞍钢：《中国改革时期省际生产率增长变化的实证分析（1979—

2001)》,《经济学(季刊)》2005 年第 2 期。

郑京海、刘小玄、Arne Bigsten:《1980—1994 年期间中国国有企业的效率、技术进步和最佳实践》,《经济学(季刊)》2002 年第 2 期。

郑若谷、干春晖、余典范:《转型期中国经济增长的产业结构和制度效应》,《中国工业经济》2010 年第 2 期。

周少波、胡适耕:《自然资源与经济增长模型的动态分析》,《武汉大学学报》(理学版) 2003 年第 5 期。

邹绍辉、张金锁:《我国煤炭价格变动模型实证研究》,《煤炭学报》2010 年第 3 期。

Aghion, Howitt:《内生增长理论》, 陶然等译, 北京大学出版社 2004 年版。

Abramovitz, M., Resource and Output Trends in the United States Since 1870, *The American Economic Review*, 1956, 46 (2): 5–23.

Aghion, P., Howitt, P., A Model of Growth through Creative Destruction, *Econometrica*, 1992, 60: 323–351.

Aigner, D. J., Lovell, C. A. K., Schmidt, P., Formulation and estimation of Empirical application function Models, *Journal of Econometrics*, 1977, 6: 21–37.

Aigner, D. J., S. F. Chu, On Estimation the industry Production Function, *American Economic Review*, 1968, 58: 826–839.

Akarca, A. T., Long, T. V., Energy and employment: a time series analysis of the causal relationship, *Resources and Energy*, 1979, 2: 151–162.

Arrow Kenneth, J., The Economic Implication of Learning by Doing, *Review of Economic Studies*, 1962, 29: 155–173.

Ayong A. D., Kama, L., Sustainable growth, renewable resources and pollution, *Journal of Economic Dynamics & Control*, 2001, 25: 1911–

1918.

Banker R. D., Charnes A., Cooper W. W., Some Models for Estimating Technical and Scale Inefficiencies in Data Envelopment Analysis, *Management Science*, 1984, 30 (9): 1078 – 1092.

Barnett, H. J., Morse, C., *Scarcity and Growth: The Economics of Natural Resource Availability*, John Hopkins Press, 1986: 233 – 289.

Barro R., Xavier Sala-i-Martin, *Economic Growth*, Boston: McGraw-Hill, 1995.

Battese, G. E., Coelli, T. J., A Model for Technical Inefficiency Effect s in a Stochastic Frontier Product ion Function for Panel Data, *Empirical Economics*, 1995, 20: 325 – 332.

Battese, G. E., Coelli, T. J., Frontier Production Functions, Technical Efficiency and Panel Data: With Application to Paddy Farmers in India, *Journal of Productivity Analysis*, 1992, 3: 153 – 169.

Becker G., Barro R., A Reformulation of the Economic Theory of Fertility, *Quarterly Journal of Economics*, 1988, 103: 1 – 25.

Becker G., Glaeser Edward L., Kevin Murphy, Population and Economic Growth, *American Economic Review*, 1999, 89: 145 – 149.

Becker G., Kevin Murphy, The Division of Labor, Coordination Costs, and Knowledge, *Quarterly Journal of Economics*, 1992, 107: 1137 – 1160.

Becker G., Kevin Murphy, Robert Tammura. Human Capital, Fertility and Economic Growth, *Journal of Political Economy*, 1990, 98 (5): s12 – s37.

Berck, P., *Empirical Consequence of the Hotelling principle*, Oxford: The Handbook of Environmental Economic, 1995.

Bovenberg A., Smulders S., Environmental quality and Pollution-saving technological change in a two-sector endogenous growth model, *Joural of Public Economics*, 1995, 57: 369 – 391.

Bovenberg A., Smulders S., Transitional Impacts of Environmental Policy in an Endogenous Growth Model, *International Economic Review*, 1996, 37 (4): 861 – 893.

Butler, R. V., The Specification and Estimation of Hedonic Housing, *Land Economics*, 1982, 58 (1): 96 – 108.

Chambers, R. G., R. Fare, Grosskopf, S., Productivity Growth in APEC Countries, *Pacific Economic Review*, 1996, (1): 181 – 190.

Charnes A., Cooper W. W., Rhodes E., Measuring the Efficiency of Decision Making Units, *European Journal of Operational Research*, 1978, 6 (2): 429 – 444.

Cheng, B. S., Lai, T. W., An Investigation of Co-integration and Causality Between Energy Consumption and Economic Activity in Taiwan, *Energy Economics*, 1997, 19: 435 – 444.

Chow, G. C., Lin, A., Accounting for Economic Growth in Taiwan and Mainland China: A Comparative Analysis, *Journal of Comparative Economics*, 2002, 30: 507 – 530.

Chung Y. H., Fare R., Grosskopf S., Productivity and Undesirable out puts: A Directional Distance Function Approach, *Journal of Environmental Management*, 1997, 51: 229 – 240.

Coelli, T., A Guide to Frontier Version 4, 1: A Computer Program for Stochastic Frontier Production, Estimation., Cost Function. CEPA Working paper 97/07, Armidale: Australia, 1996.

Court, A. T., *Hedonic Price Indexes with Automotive Examples*, In the Dynamics of Automobile Demand, New York: General Motors, 1939.

Danison E. F., *Why Growth Rates Differ: Post-war Experience in Nine West-*

ern Countries, *Washington*, Washington Brookings Institution, 1967.

Dasgupta P. S., Heal G. *Economic Theory and Exhaustible Resources*, Cambridge: Cambridge University Press, 1979.

Dasgupta, P. S. and Heal, G. M., The Optimal Depletion of Exhaustible Resurces, *The Reviews of Economic Studies*, 1974, 41: 3 – 28.

David, Cass, Optimum Growth in an Aggregative Model of Capital Accumulation, *Review of Economic Studies*, 1965, 32: 233 – 240.

Domar, E., Capital Expansion, Rate of Growth, and Employment, *Econometrica*, 1946, 14: 137 – 147.

Fare R., Grosskopf S., Margaritis D., APEC and the Asian economic crisis: Early signals from productivity trends, *Asian Economic Journal*, 2001, 15 (3): 325 – 342.

Fare R., Grosskopf S., Pasurka C. A., Environmental Production Functions and Environmental Directional Distance Functions, *Energy*, 2007, 32: 1055 – 1066.

Fare, R., *Fundamental of Production Theory*, Springer-Verlag, 1988.

Fare, Rolf, Shawna Grosskopf, Mary Norris, Zhongyang Zhang, Productivity Growth, Technical Progress, and Efficiency Change in Industrialized Countries, *American Economic Review*, 1994, 84 (1): 66 – 83.

Farrell, M., The Measurement of Productive Efficiency, *Journal of the Royal Statistical Society*, 1957, 120 (3): 253 – 281.

Frank, Ramesy, A Mathematical Theory of Saving, *Economic Journal*, 1928, 38: 543 – 559.

Fuji, Hidemichi, Shinji Kaneko, Shunsuke Managi, Changes in Environmentally Sensitive Productivity and Technological Modernization in China's Iron and Steel Industry in the 1990s, *Environment and Development*

Economic, 2009, 15 (4): 485 – 504.

Fukuyama H., William L., Weber, A Directional Slacks-based Measure of Technical Inefficiency, *Socio-Economics Planning Sciences*, 2009, 43 (4): 274 – 287.

Gaudet, G., Natural Resource Economics under the Rule of Hotelling, *The Canadian Journal of Economics*, 2007, 40 (4): 1033 – 1059.

Goodfriend M., McDermott J., Early Development, *American Economic Review*, 1995, 85: 116 – 133.

Gray., Lewis Cecil, Rent under the Assumption of Exhaustibility, *The Quarterly Journal of Economics*, 1914, 28 (3): 466 – 489.

Grimaud A., Rouge L., Polluting Non-renewable Resources, Innovation and Growth: Welfare and Environmental Policy, *Resource and Energy Economics*, 2005, 27: 109 – 129.

Grimaud, A., Rouge, L., Non-renewable Resources and Growth with Vertical Innovations: Optimum, Equilibrium and Economic Policies, *Journal of Environmental Economics and Management*, 2003, 45: 433 – 453.

Grossman, G., Helpman, E., *Innovation and Growth in the Global Economy*, Cambridge: MIT Press, 1991.

Grossman, G. M. and Krueger, A. B., Environmental Impacts of a North American Free Trade Agreement, *NBER Working Paper*, Vol. 3914, 1991, Cambridge, MA.

Haivorsen, R., Smith, T. R., A Test of the Theory of Exhaustible Resources Scarcity With a Summary of Recent Trends, *Journal of Environment Economics and Management*, 1991, (11): 123 – 140.

Harrod, R., An Essay in Dynamic Theory, *Economic Journal*, 1939, 49: 14 – 33.

Hotelling, Harold, The Economics of Exhaustible Resources, *Journal of Political Economy*, 1939, 39 (2): 137 – 175.

Hu Jin-Li, Her-Jiun Sheu, Shih-Fang Lo, Under the Shadow of Asian Brown Clouds: Unbalanced Regional Productivities in China and Environmental Concerns, *International Journal of Sustainable Development & World Ecology*, 2005, 12 (4): 429 – 442.

Huang, Bwo-Nung, et al., Causal relationship between energy consumption and GDP growth revisited: A dynamic panel data approach, *Ecological Economics*, 2008, 67: 41 – 54.

Jorgenson D. W., Grillches Z., The Explanation of Productivity Change, *Review of Economic Studies*, 1967, 34 (3): 249 – 283.

Jorgenson D. W., *U. S. Productivity: Postwar Economic Growth*, Cambridge, MA: MIT Press, 1995.

Koopmans Tjalling, C., *On the Concept of Optimal Economic Growth*, Amsterdam: North-Holland, 1965.

Koopmans, T. C., "An Analysis of Production as an Efficient Combination of Activities. in: T. C. Koopmans (ED.), Activity Analysis of Production and Allocation", *Monograph* No, 13, Wiley, New York, 1951.

Kraft, J., Krafft, A., On the Relationship Between Energy and GNP, *Journal of Energy and Development*, 1978, 3: 401 – 403.

Kumbhakar, S. C., C., Lovell, *Stochastic Frontier Analysis*, New York: Cambridge University Press, 2000.

Lancaster, Kelvin J., A New Approach to Consumer Theory, *The Journal of Political Economy*, 1966, 74 (2): 132 – 157.

Lee, C. C., Chang, C. P., Energy Consumption and GDP Revisited: a Panel Analysis of Developed and Developing Countries, *Energy*

Economics, 2007, 29: 1206 – 1223.

Lee, C. C., Energy Consumption and GDP in Developing Countries: a Cointegrated Panel Analysis, *Energy Economics*, 2005, 27 (3): 415 – 427.

Leibenstein, H., Allocative Efficiency vs "X-efficiency", *American Economic Review*, 1966, 56: 392 – 415.

Lucas, R., On the Mechanics of Economic Development, *Journal of Monetary Economics*, 1988, 22 (1): 3 – 42.

Lucas, R., Making a Miracle, *Econometrica*, 1993, 61: 251 – 271.

Malthus Thomas, R., *An Essay on the Principle of Population*, London: W. Pickering, 1986.

Managi, Kaneko, Productivity of Market and Environmental Abatement in China, *Environment Economics and Policy Studies*, 2006, 7 (4): 459 – 470.

Masih, A. M. M., Masih, R., Energy Consumption, Real Income and Temporal Causality: Results From a Multi-country Study Based on Cointegration and Error-correction Modeling Techniques, *Energy Economics*, 1996, 18: 165 – 183.

Masih, A. M. M., Masih, R., On the Temporal Causal Relationship Between Energy Consumption, Real Income, and Prices: Some Evidence from Asian-energy Dependent NICs Based on a Multivariate Cointegration/vector Error-correction approach, *Journal of Policy Modeling*, 1997, 19 (4): 417 – 440.

Meeusen W., Vanden Broeck J., Efficiency Estimation from Cobb-Douglas Product ion Functions with Composed Error, *International Economics Review*, 1977, 18: 435 – 444.

Merton H. Miller, Charles W. Upton, A Test of the Hotelling Valuation

Principle, *Journal of Political Economy*, 1985, 93 (1): 1 – 25.

Merton H. Miller, Charles W. Upton, The Pricing of Oil and Gas: Some Further Results, *The Journal of Finance*, 1985, 40 (3): 1009 – 1018.

Morand, O., Endogenous Fertility, Income Distribution, and Growth, *Journal of Economic Growth*, 1999, 4: 331 – 349.

Nishimizu, M., Page, J., Total Factor Productivity Growth, Technological Progress and Technical Efficiency Change: Dimensions of Productivity Change in Yugoslavia 1965 – 1978, *Economic Journal*, 1982, 92 (368): 920 – 936.

North D, C., Institutions and Economic Growth: An Historical Introduction, *World Development*, 1989, 17 (9): 1319 – 1332.

North, D. Institutions, *Institutional Change, and Economic Performance*, New York: Cambridge University Press, 1990.

North, D., *Structure and Change in Economic History*, New York: W. W. Norton & Company, 1981.

Oh, W., Lee, K., Energy Consumption and Economic Growth in Korea: Testing the Causality Relation, *Journal of Policy Modeling*, 2004, 26: 973 – 981.

Panayotou, T., "Empirical tests and policy analysis of environmental degradation at different stages of economic development", Working Paper WP238, Technology and Employment Program, Geneva: International Labor Office, 1993.

Panayotou, T., "Economic growth and the environment", CID Working Paper, 2000.

Peter, Diamond, National Debt in a Neoclassical Growth Model, *American Economic Review*, 1965, 55: 1126 – 1150.

Rees W, E., Ecological Footprints and Appropriated Carrying Capacity: What Urban Economics Leaves Out, *Environ Urban*, 1992, 4: 121 – 130.

Ridker, Ronald G., Henning, John A., The Determinants of Residential Property Values with Special Reference to Air Pollution, *The Review of Economics and Statistics*, 1967, 49 (2): 246 – 257.

Robson, A. J., Costly Innovation and Natural Resources, *International Economic Review*, 1980, 21: 17 – 30.

Romer, P., Endogenous Technological Change, *Journal of Political Economy*, 1990, 98 (5): 71 – 102.

Romer Paul, M., Increasing Return and Long-Run Growth, *Journal of Political Economy*, 1986, 94: 1002 – 1037.

Rosen, Sherwin, Hedonic Prices and Implicit Markets: Product Differentiation in Pure Competition, *Journal of Political Economy*, 1974, 82 (1): 34 – 55.

Scholz, Christian M., Georg Ziemes, *Exhaustible Resources, Monopolistic Competition, and Endogenous Growth*, Mineo: University of Kiel, 1996.

Schou, P., *A Growth Model with Technological Progress and Non-renewable Resources*, Mineo: University of Copenhange, 1996.

Schumpter, J., *The Theory of Economic Development*, Cambridge, MA: Havord University Press, 1934.

Shephard, R. W., *Theory of Cost and Production Functions*, Princeton, NJ: Princeton University Press, 1970.

Slade, M. E., Trends in Natural-resource Commodity Price: an Analysis of the Time Domain, *Journal of Environmental Economics and management*, 1982, 33 (1): 59 – 74.

Solow Robert, M., A Contribution to the Theory of Economic Growth, *Quarterly Journal of Economics*, 1956, 70 (1): 65-94.

Solow, R. M., Intergenerational Equity and Exhaustible Resources, *Review of Economic Studies*, 1974, 41 (Symposium): 29-45.

Solow, R., Technical Change and Aggregate Production Function, *American Economic Review*, 1957, 39 (3): 312-320.

Soytas, U., Sari, R., Energy Consumption and GDP: Causality Relationship in G-7 Countries and Emerging Markets, *Energy Economics*, 2003, 25: 33-37.

Stern, D. J., Multivariate Cointegration Analysis of the Role of Energy in the U. S. Macro-economy, *Energy Economics*, 2000, 22: 267-283.

Stiglitz, J., Growth with Exhaustible Natural Resources: Efficient and Optimal Growth Paths, *Review of Economic Studies*, 1974, 41 (Symposium): 123-137.

Stokey N., Are There Limits to Growth?, *International Economic Review*, 1998, 39 (1): 1-31.

Stollery, K. R., Mineral Depletion With Cost as the Extraction Limit: a Model Applied to the Behavior of Price in the Nickel Industry, *Journal of Environmental Economics and Management*, 1983, (10): 151-165.

Swan Trevor, W., Economic Growth and Capital Accumulation, *Economic Record*, 1956, 32: 334-361.

Theodore. W., Schultz, Capital formation by Education, *Journal of Political Economy*, 1960, 68 (6): 571-583.

Tone, K., A Slacks-based Measure of Efficiency in Data Envelopment Analysis, *European Journal of Operational Research*, 2001, 130: 498-509.

Tone, K1., Dealing with Undesirable Outputs in DEA: A Slack s Based Measure (SBM) Approach, *Energy Policy*, 2003, 35: 6323 – 6331.

Tulkens, H., Eeckaut, P. V., Non-Parametric Efficiency, Progress and Regress Measure for Panel Data: Methodological Aspects, *European Journal of Operational Research*, 1995, 80: 474 – 499.

Uzawa, H., Optimum Technical Change in an Aggregative Model of Economic Growth, *International Economic Review*, 1965, 6: 18 – 31.

Valente S., Sustainable Development, Renewable Resources and Technological Progress, *Environmental and Resource Economies*, 2005, 30: 115 – 125.

Wackernagel M., Rees W., *Our Ecological Footprint: Reducing Human Impact on the Earth*, Gabriola Island, B. C., Canada: New Society Publishers.

Wallace, H. A., Comparative Farmland Values in Iowa, *Journal of Land and Public Utility Economics*, 1926, 2: 385 – 392.

Wang Yan, Yao Yudong, Sources of China's Economic Growth, 1952 – 99: Incorporating Human Capital Accumulation, *China Economic Review*, 2003, 14 (1): 32 – 52.

Wu, Yanrui, Has Productivity Contributed to China's Growth?, *Pacific Economic Review*, 2003, 8 (1): 15 – 30.

Yang Xiaokai, Borland J., A Microeconomic Mechanism for Economic Growth, *Journal of Political Economy*, 1991, 99: 460 – 482.

Young, A., Gold in to Base Metals: Productivity Growth in the People's Republic of China During the Reform Period, *Journal of Political Economy*, 2003, 111 (6): 1220 – 1242.

Young, A., Increasing Return and Economic Progress, *Economic Journal*, 1928, 38: 527 – 542.

Yu, E. S. H., Choi, P. C. Y., Choi, J. Y., The relationship between energy and employment: a re-examination, *Energy Systems Policy*, 1988, 11: 287 – 295.

Yu, E. S. H., Hwang, B. K., The Relationship Between Energy and GNP: Further results, *Energy Economics*, 1984, 6: 186 – 190.

Yu, S. H., Jin, J. C., Cointegration Tests of Energy Consumption, Income and Employment, *Resources and Energy*, 1992, 14: 259 – 266.

附　　录

附录1　基于序列DEA计算$\beta_9 = \beta_{10} = \beta_{11} = 0$的Matlab程序

```
dX = rand（30, 30）;        输入三个投入变量的数据
dY = rand（10, 30）;        输入"好"产出变量的数据
dB = rand（30, 30）;        输入三个污染排放变量的数据
T = 10;                     计算的时期数
n = 30;                     截面个数
for t = 1: T
X = [];
Y = [];
B = [];
for r = 0: (t-1)
X = [X dX（(r*3+1): (r*3+3),:）];
Y = [Y dY（r+1,:）];
B = [B dB（(r*3+1): (r*3+3),:）];
end
```

```
[m, n1] = size (X);
s = size (Y, 1);
q = size (B, 1);      %m, s, q 为投入、"好"产出以及污染向量的维数
col = n1 - 30 + k;
for k = 1: n
cof1 = 1/6;
cof2 = 1/8;
para1 = [cof1 * X (1, col) cof1 * X (2, col) cof1 * X (3, col) ...
cof2 * Y (1, col) ...
cof2 * B (1, col) cof2 * B (2, col) cof2 * B (3, col)
];
f = [ - zeros (1, n * T) - para1];
A = zeros (1, n * T + m + s + q);
b = 0;
LB = zeros (n * T + m + s + q, 1);
UB = [];
Aeq = [X zeros (m, (T - t) * n) eye (m) zeros (m, s + q)
Y zeros (s, (T - t) * n) zeros (s, m) - eye (s) zeros (s, q)
B zeros (q, (T - t) * n) zeros (q, m + s) eye (q)
ones (1, n * T) zeros (1, m + s + q)];
beq = [X (:, col)
Y (:, col)
B (:, col)
1];
res_ col = k + (t - 1) * n;
```

```
[w(:, res_col), fval(res_col), exitflag(res_col)] =...
linprog(f, A, b, Aeq, beq, LB, UB);
end
end
z = w([1: n*T],:);
s_x = w([n*T+1: n*T+m],:);
s_y = w(n*T+m+1,:);
s_b = w([n*T+m+2: n*T+m+s+q],:);
-fval;
exitflag
size(w)
size(fval)
```

附录2 第三章数据

表1　　　　　　　　　国有重点煤矿原煤产量　　　　　　单位：万吨

省份＼年份	2003	2004	2005	2006	2007	2008
河北	4960.23	5329.78	5668.51	5973.07	6529.53	6845.37
山西	16444.59	18992.39	21283.75	23682.63	24872.99	26716.79
内蒙古	2677.81	3517.23	4444.27	4509.01	5623.42	6812.14
辽宁	4354.53	5019.64	4770.55	4889.56	4435.45	4789.57
吉林	953.28	1146.05	1196.01	1305.04	1629.35	2056.85
黑龙江	4900.33	5285.69	5293.77	5373.78	5403.87	5495.4
江苏	1633.6	1515.95	1428.65	1804.09	1328.67	1318.66
安徽	4850.33	4991.6	5382.23	5659.81	6668.08	8696.33
江西	594.32	668.78	699.44	693.71	770.38	697.71
山东	10262.63	10176.91	9394.7	9657.21	9540.7	9438.81
河南	6649.17	7677.42	8269.06	8470.25	9690.3	11111.91
湖南	495.52	507.4	518.63	499.6	503.04	522.74
四川	985.52	1048.78	1117.18	1046.99	1150.3	1111.48
重庆	818.85	915.45	1021.21	1065.63	1143.7	1243.34
贵州	1383.43	1544.12	1828.81	2032.99	2149.69	2273.08
云南	119.53	106	129.47	158.74	165.63	146.87
陕西	2317.64	2655.44	2349.15	2820.18	3071.33	3365.23
甘肃	1074.13	1129	1183.87	1238.74	1311	1480.06

资料来源：历年《中国煤炭工业统计年鉴》。

表2　　　　　　　　　铁路年煤炭运输总量　　　　　　单位：万吨

省份＼年份	2003	2004	2005	2006	2007	2008
河北	14347	15744	17151	14790	14905.57	14749.85
山西	39020	48929	57366	65438	73031.63	60152.29
内蒙古	12288	14739	18167	21393	25381.7	38357.34

续表

省份\年份	2003	2004	2005	2006	2007	2008
辽宁	13885	15014	15029	16306	17751.66	19141.13
吉林	6153	6552	6634	6159	6278.049	7422.079
黑龙江	14267	15143	16123	16069	16890.71	17794.75
江苏	5204	5266	5655	5823	5826.332	5575.49
安徽	8744	9009	10386	11095	11467.84	12014.2
江西	4784	5723	5532	6090	6482.989	6046.332
山东	14009	14850	15040	15747	16675.07	17970.26
河南	12925	13668	14708	15133	15945.52	16278.92
湖南	5570	6043	5879	6250	6409.79	5892.167
四川	1943	1997	2055	2204	2358.028	2203.117
重庆	7278	8084	7771	8185	8620.98	7914.694
贵州	4971	5504	6168	6826	7288.443	6683.395
云南	4146	4534	5077	5318	5713.4	5223.94
陕西	6686	7810	8155	8289	9321.37	22614.65
甘肃	3783	4181	4085	4624	5150.097	5511.631

资料来源：历年《中国铁道统计年鉴》。

表3　　　　　　　　　国有重点煤矿职工人数　　　　　　　　单位：人

省份\年份	2003	2004	2005	2006	2007	2008
河北	207365	166928	184742	178935	174886	164826
山西	374939	448333	490170	501353	501353	580973
内蒙古	77477	57075	68448	63961	63961	55670
辽宁	178145	146094	168974	169540	168343	135401
吉林	60204	44366	45157	43901	44323	35089
黑龙江	287749	261768	296030	287398	283860	195952
江苏	97496	79306	65024	65536	62433	64574
安徽	188765	175696	178147	180142	176366	235414
江西	54528	41138	50282	51232	51348	63209
山东	292317	259115	296230	296046	286973	322146

续表

年份 省份	2003	2004	2005	2006	2007	2008
河南	298739	265460	311334	312186	312186	389476
湖南	54801	18640	30822	34876	46309	40161
四川	49729	45666	49101	49409	49333	49333
重庆	35599	41165	51480	54615	56027	72371
贵州	56664	56415	59059	59059	59059	62206
云南	9137	6458	5808	6302	7129	20094
陕西	69300	60551	66876	72783	68170	78590
甘肃	42782	43607	34214	27562	29261	52603

资料来源：历年《中国煤炭工业年鉴》。

表4　　　　　　　　　　国有重点煤矿洗精煤产量　　　　　　　单位：万吨

年份 省份	2003	2004	2005	2006	2007	2008
河北	1339.22	1547.78	1598	1672	1849	1921.33
山西	2186.57	2590.88	2528	2744	3368	4077.91
内蒙古	154	154	241.62	305.62	375.62	449.93
辽宁	338.54	405.04	429	381	339	419.7
吉林	4.29	4.29	91.91	155.91	225.91	300.22
黑龙江	881.95	1085.56	1018	1027	1176	1305.67
江苏	85.7	123.92	54	44	140	184.59
安徽	624.3	603.39	695	722	843	929.66
江西	91.93	91.93	92	123	99	106.4
山东	2981.21	3114.66	3109	3357	3298	2741.22
河南	512.5	674.4	712	748	950	983.68
湖南	40.9	96.5	19	15	10	5.15
四川	178.98	274.4	260	274	234	217.4
重庆	144.39	906.6	191	215	214	245.62
贵州	354.64	80.82	440	393	364	367.79
云南	135.6	360.74	153	162	139	162
陕西	73.84	69.2	74	84	89	94.43

资料来源：历年《中国煤炭工业年鉴》。